税理士のための

事業承継コンサルティングの強化書

株式会社クロスリンク・アドバイザリー
代表取締役 **半田 道** 著

中央経済社

まえがき

税理士のみなさま

顧問先の社長から事業承継対策の相談を受けて，どのように対応したら良いのかわからず，困ったご経験はないでしょうか？

事業承継対策の全般のアドバイスができずに，とりあえず株価算定を行って，暦年贈与の手続だけをされたということはないでしょうか？

もしかすると，それだけでは，事業承継対策について悩んでいる顧問先の社長は満足されていないかもしれません。

本書は，本当は顧問先の社長に満足していただけるような事業承継対策の提案をしたいと考えていても，**コンサルティングの経験がないし，そんな時間もないという理由で，提案ができていない状況にある税理士さんに事業承継対策コンサルティングのノウハウを公開するもの**です。

私は，メガバンクや米国系銀行の事業承継専門セクションで，数多くの中小企業に対して事業承継コンサルティングを行い，現在は，事業承継コンサルティングを専門に行う会社を経営しております。

その経験の中で，本来，会社の存続のためには，**経営の承継に関するアドバイス**が行われるべきであるのに，その観点でのアドバイスをすることができる専門家が少なく，『事業承継対策＝株価対策』の提案が多く行われていると感じています。

そこで，本書を通じて，一人でも多くの税理士さんが，経営の承継に関するコンサルティングを行えるようになっていただきたいと考えて，この本を出版することにしました。

　本書をお読みいただくことで，現在の税理士業務に加えて，事業承継のコンサルティングを行えるようになり，税理士さんの業務範囲を広げることができます。

　「事業承継のコンサルティングは，税理士には難しい」という固定観念をお持ちの場合には，あまり役に立たないかもしれませんが，コンサルティングノウハウを身につけて，お客様の役に立ちたいと考える税理士さんには，きっと価値のあるものになると考えています。

本書の特長

- 事業承継対策の税務面ではなく，**経営の承継とは何かを学び**，事業承継対策の全体像が理解できる
- 事業承継コンサルティングのノウハウを身につけ，顧問先の期待に応えることができるようになる。
  その結果，**顧問報酬のアップも期待できる**。

　なお，既に事業承継コンサルティングを行い，ご自身の手法に満足されている税理士さんに，本書は必要がありませんので，そのような方は，そっとこの本を閉じてください。

　本書は，決して税理士さんの現状に対する批判ではなく，税理士さんを**応援する気持ちでまとめました**ので，是非，ご活用ください。

ご留意事項

①本書のメインテーマは経営の承継対策です

本書では，経営の承継対策に重点を置き，税務知識に関する記載は最低限に抑えてあります。

事業承継に関する税務の基礎知識を理解したいという方は，『事業承継が0（ゼロ）からわかる本』（中央経済社）をお読みいただければ幸いです。

②事実に基づき，再構成した事例の解説

本文中に記載した事業承継の事例は，税理士さんが実際にコンサルティングを行うのに際して，活用できる内容です。

ただし，全ての事例は，弊社が関与した実際の事例を，わかりやすいように再構成して解説したものであり，実在の企業や個人とは一切関係がありません。

③税理士という表記について

本文中では，税理士さんとは表記せず，税理士と表記させていただきます。

目　　次

10

第VI章
よりよい提案の方法

•図版・イラスト　半田　道•

第 I 章

税理士の事業承継コンサルティングの現状分析

社長は税理士に事業承継対策の相談をするが，税理士の対応は十分ではないかもしれない

> 税理士は，事業承継対策のコンサルティングに向いていると考えられ，また，社長から自社の事業承継対策の相談相手として期待されている。しかし，残念なことに，多くの場合には，積極的にコンサルティングに取り組んでいないという現状がある。

　まず，事業承継コンサルティングについて，税理士のよくある対応状況をまとめました。

税理士の事業承継対策コンサルティングの状況

①積極的には，事業承継対策の提案を行っておらず，社長から相談があって，はじめて対応することが多い

②経営の承継や支配権の承継には関与せず，**財産権の承継のアドバイスのみ**を行っていることが多い

①　税理士は，事業承継対策の提案に積極的ではない

　税理士から顧問先の社長に対して，事業承継対策は何をすべきかということを，体系的に説明し，積極的に事業承継対策の提案をするのではなく，顧問先の社長から事業承継対策の相談を受けてから対応するケースが多いのではないでしょうか。

　ご依頼があったからには，何かアドバイスをしなくてはならず，ともかく株価算定を行い，贈与税の計算をして，とりあえず，社長の子供に自社株の暦年贈与を行うという提案程度で済ませている状況は，顧問先の社長からの要望に応えるための苦肉の策のように感じられます。

　もちろん，法人税顧問の税理士としては，申告業務等で忙しく，事業承継対策のアドバイスについて，別途報酬を得られるわけではないのに，そんなことに取り組む余裕がないという事情もあると思いますが，残念ながらそれは，社長から見ると，満足感のある対応ではありません。

②　税理士は自社株の財産権の承継のアドバイスのみ行っている

　さて，税理士は，事業承継対策の提案を積極的に行っているわけではないというご説明をしましたが，事業承継対策の提案が全くできていないということではありません。

　それでは，税理士が提案できていることと，できていないことを確認しましょう。

　次の図をご覧ください。事業承継で取り組むべきことは，**経営の承継と自社株の承継**です。

　それをさらに分類すると，経営の承継は，①後継者の選定と育成，②後継者のための経営体制の構築であり，自社株の承継は，③支配権の承継と④財産権の承継になります。

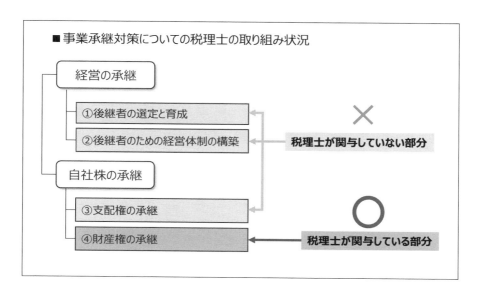

　各々の内容の詳細は後述しますので，ここでは，事業承継対策で取り組むべき項目は，①～④であるということだけご確認ください。

▶▶経営の承継①②

　会社を担う後継者を選んで育てること，そして，後継者がスムーズな経営を行えるように体制を整えることです。

▶▶自社株の承継③④

▶自社株の支配権の承継③は，後継者が株主総会の議決権を確保して，会社の重要事項を迅速に決定できる体制を構築することです。

▶自社株の財産権の承継④は，自社株の評価額に着目し，自社株を社長の個人財産と考えた時の対策です。

　つまり，自社株を後継者に渡す時の評価額や税金の計算，ならびに自社株を渡す方法や，自社株を相続財産と考えた場合の，遺産分割の検討

をすることです。

さて，この分類をお読みになって，いかがでしょうか。

一般的に，**税理士が取り組んでいるのは④財産権の対策のみ**で，経営の承継①②と自社株の承継のうち，③支配権の承継については，多くの税理士は関与していないと思われます。

税理士が，後継者に渡す自社株の株価や税金の計算をしているとしても，それはお金の問題や遺産分割の検討だけであり，事業承継対策の一部に過ぎません。

つまり，経営の承継や支配権の対策を行っていないということは，**事業承継対策としては，不十分**ということです。

経営の承継に関することは税理士業務ではないとお考えの方は多いかもしれません。

もちろん，『税理士業務』という観点では，その考え方を否定するものではありませんが，顧問先の発展のために，事業承継コンサルティングを行うのであれば，経営の承継に関与しなくてはなりません。

一般に，社長は財産権のアドバイスだけでは，事業承継コンサルティングとして，別途報酬を払うには不十分であるとお考えのことが多いと思われます。この点も重要なポイントかと思います。

さて，ここまでのご説明で，税理士が事業承継対策コンサルティングで，できていること，できていないことを確認できたと思います。

本書を読み進めていただき，これまで税理士が行っていない範囲も含めて，事業承継対策に関わる全てのアドバイスを行えるようになっていただきたいと思います。

なぜ税理士は事業承継コンサルティングを行っていないのか
〜コンサルティングのノウハウと顧問報酬〜

　それでは，なぜ，税理士は事業承継コンサルティングを行っていないのでしょうか。

　それは，次のような2つの理由ではないでしょうか

---

①コンサルティングノウハウがない

②コンサルティング業務の実施は，現状の報酬では割が合わない

ある税理士の本音

「いままで事業承継対策の提案をしたことがないので，税金の計算と納税の申告以外何をしていいのかわからないんです。だから，税理士が事業承継対策の専門家と思われるのは，少し荷が重い感じです。

　顧問先の社長の事業承継対策が進んでいるのかどうかについては，心配ですが，忙しくて，コンサルティングに取り組んでいる暇がないですし，現状の顧問報酬で，それ以上のアドバイス依頼は過度な要求だと思います。」

　このように考える税理士は少なくないと思われます。

　それでは，税理士が事業承継対策コンサルティングを行わなかった結果，顧問先にも税理士にも，好ましくない結果となった事例をご紹介します。

 事例1：後継者の育成ができなかったケース

　同族会社の創業社長の事例です。

　社長の子供は，長男が1人でしたが，勉強熱心で成績も良く，同級生た

ちと同じように普通に就職活動をして，上場企業に就職しました。

　その時点では，社長は事業承継のことは全く考えず，勢力的に仕事に打ち込み，また，子供も就職した会社で努力して責任のあるポジションにつくようになりました。

　税理士は，この時点では後継者が未定であるという状況を認識していましたが，海外在住の長男とは面識がなく，社長が長男を後継者候補として考えているのかどうかなど突っ込んだ話にもならなかったため，税理士として，特に事業承継のアドバイスは行っていませんでした。

　そして，社長が60歳になった頃，ようやく後継者のことを考えるようになり，社長としては，やはり，社員ではなく長男に継いで欲しいと考えるようになりました。

　しかし，長男は勤務先で大きな海外プロジェクトのリーダーになっており，それが，長期間の案件であることから，実家を継ぐために退職するということが簡単ではない状況になっていましたし，海外勤務であることから，将来のことを，親子で簡単に話し合いができる状況ではありませんでした。

　そんな状況のまま，５年が経過して，ようやく長男が入社し，社長としては，ほっとしたと同時に，後継者育成をスタートしました。

　ただ，残念なことに，社長は，長男の入社後６か月がたった頃，事故で亡くなってしまいました。

　長男は，これから，まだ社長から指導を受けるべきことがたくさんあったのにもかかわらず，社長として会社を牽引しなくてはならなくなり，取引先や銀行との関係が構築できていないまま，社長としての仕事を行わざるを得なかったのです。

事例のポイント

● 社長が後継者を呼び戻さなかったため，後継者の育成期間が短く，後継者が大きな苦労をすることになった
● 社長に対し，誰も事業承継対策の必要性を説明しなかった

　もしも，税理士が経営の承継に関するアドバイスを行い，早期に事業承継対策をスタートしていれば，後継者が困難な道を歩まず，スムーズな事業承継が実現できた可能性があったということです。

事例2：社長は税理士に事業承継対策の相談をしたが，コンサルティングをしなかった結果，最終的に顧問契約が解除になった事例

　80歳代の老舗企業の社長は，先代から会社の存続においては，事業承継対策が最重要であるという指導を受けており，事業承継対策の必要性について，頭では理解していましたが，経営が楽しいこともあり，また誰からも事業承継についての問題提起をされなかったので，事業承継対策をスタートするきっかけもない状態でした。

　顧問税理士も，「会社の顔は社長です。今，社長が引退したら，銀行も手を引いてしまいますよ。まだまだお元気なのだからご活躍ください」と言うだけで，いつ，どのような対策をするのかということについての提案は行っていない状況でした。

　そんな中，社長が癌を患っていることが発覚したため，長男を後継者として急遽入社させ，慌てて事業承継対策に着手することになりました。

　社長は余命1年もない状況で，対策の実行方法は限られており，<u>退職金を支給して株価を下げ</u>（※），後継者に渡す方法を選択することになりました。

　しかし，その方法が決定したものの，実際に退職金を支給する間もなく，社長は急逝され，退職金の支給による株価対策は実行できませんでした。

　後継者は，社長と顧問税理士が事業承継対策をしていると思っていましたが，実際には何の対策もされておらず，その結果，多額の相続税を納税しなくてはならなかったことに疑問を持ち，他の税理士に相談をしました。

　すると，元々，株価が高い会社だったので，対策をするとしないとでは，億円単位の相続税の違いがあることが判明しました。

　当然のことながら，後継者は長年契約していた顧問税理士との契約を解除し，新しい税理士と契約をすることになりました。

（※）類似業種比準価額の計算上，利益を３倍する計算方法だった時に効果が大きいとされていた株価対策方法

 事例のポイント

　まず，顧問税理士は，事業承継対策のスタートを社長に促すべきでした。

　仮に顧問税理士が事業承継対策の経験がなく，コンサルティングができないとしても，顧問先のことを真剣に考えていたとすれば，他の事業承継対策に詳しい税理士やコンサルタントとの協働も検討できたと考えられます。

　コンサルティングノウハウがなく，報酬が得られないという理由で，コンサルティングをしないということは，顧問先，税理士双方にとって，残念な結果になります。

社長は税理士のコンサルティングに期待している
～事業承継対策は，信頼している税理士にお願いしたい～

　税理士が事業承継対策を積極的に行わないという現状であっても，社長は税理士の事業承継コンサルティングに期待しています。

　日頃，税理士は顧問先の社長と税務のことでディスカッションをされていますが，社長の税理士に対する期待感については，本音をお聞きになることは少ないと思います。

　私が，これまで，銀行員，コンサルタントとして，多くの社長から『税理士への期待』についてお話しを伺った内容をご紹介します。

✤ 社長は，自分を絶対に裏切らない「味方」である税理士に任せたい

　事業承継対策を実行するためには，法律，税務，資金調達など，幅広い分野の検討が必要であり，税理士以外にも弁護士，司法書士などの士業や銀行などの金融機関が事業承継の提案を行っています。

　しかし，その中で，税理士は社長から一番の信頼を得ているのです。

　例えば，銀行は企業の存続に大きな役割を担っていますが，一般的に，社長は銀行に対して，なかなか本音を話さないものです。なぜなら，話す内容によって，今後の融資をはじめとする銀行取引に影響することを心配しているからです。事業承継が成功するかどうかということは，今後の融資判断において重要であることから，借入については，メインバンクを優先するものの，事業承継についてはメインバンクには相談しない社長が存在するのもそういう理由からです。

　また，銀行の事業承継の提案には，融資や手数料収入など，銀行にとってのビジネスチャンスが付随してくることがあり，社長は銀行自身の利益追求の側面を敏感に感じています。

つまり，社長は，銀行が税理士ほど自分の会社のことを思ってくれていないと感じ，全面的には信頼していないのではないかと思います。

その点，社長は，税理士には絶大な信頼を置いていて，税理士は絶対に自分を裏切らない味方であると感じているものです。

それだからこそ，事業承継対策においても，自分を正しい方向に導いて欲しいと期待を寄せているのです。

社長は絶対的に信頼している税理士から自社にとって最良なアドバイスを受けたいと考えていることを十分にご理解いただきたいと思います。

なお，これまで述べたことは，私が銀行に勤務している際に，複数の社長からいただいたコメントですので，決して銀行に対する誹謗中傷ではありません。

♣ 税理士は事業承継の専門家であり，事業承継対策を任せたい

事業承継対策を解説した書籍，セミナーは税理士によるものがほとんどですので，多くの社長は事業承継対策の専門家＝税理士と考えています。

つまり，税理士に相談すれば，事業承継対策全般についてアドバイスをもらえると考えているのです。

この信頼感は他の士業と比較して大きなアドバンテージがあるといえますが，逆に，税務対策だけで終わってしまい，経営の承継の提案を行わない場合には，社長から期待はずれだったと思われてしまうことになりかねませんので注意が必要です。

実際に，私が過去に色々な社長から伺ったコメントとして，「顧問税理士に事業承継対策の相談をしたんだけど，税金の計算をしてくれるだけで，事業承継対策の総合的な提案はしてくれない」というものがありました。

信頼に応えるために，経営の承継や支配権の承継等も含めて，事業承継

対策全般の提案をすることが求められます。

 まとめ

　色々な点で，税理士は社長から自分を裏切らない絶対的な味方と信頼されており，事業承継対策の専門家と期待されています。

　これほど，顧客から信頼される存在もありませんので，これを活用しないのはとても，もったいないことです。

　社長からの期待感，信頼感を活かした上で，経営の承継も含めて，適切なアドバイスができるようになると，顧問先との信頼関係はさらにアップし，加えて報酬のアップも期待できます。

♣ コンサルティングへの第一歩を踏み出す

　さて，第 I 章で，税理士は，社長から信頼され，事業承継のコンサルティングを期待されていることがおわかりいただけたと思います。

　本書で，具体的な事業承継コンサルティングの方法を身につけ，顧問先の事業承継を成功に導き，報酬をいただくという，双方がwin-winな状況になるように，勇気を出して，一歩踏み出しましょう。

　第Ⅲ章に，実戦に活用できる内容を詳細に記載しましたので，それを読んで身につけていただければ，『①コンサルティングノウハウがない』という問題点は解決できます。

　第Ⅳ章に，コンサルティングメニューの作成と，その内容に見合った報酬をいただくことについて解説しましたので，『②現在の報酬では割に合わない』という問題点についても解決することができます。

コンサルティングの目標設定

事業承継コンサルティングの目標
～会社の存続・発展と関係者全員の幸せを願うこと～

　それでは，税理士が顧問先の期待に応えるために，事業承継コンサルティングに取り組むことになったとします。

　コンサルティングノウハウを身につける前に，考えていただきたいことは，事業承継コンサルティングの目標です。

事業承継コンサルティングの目標

①会社の存続・発展

②社長のハッピーリタイア

③親族や関係者の納得感

①　会社の存続・発展

　会社経営の目標は，将来にわたり，会社が存続・発展していくことを目指すものです。

　したがって，事業承継コンサルティングの目標も，<u>自社株対策のように事業承継の一時点の効果だけを考えて行うのではなく</u>，後継者にバトン

タッチした後も，会社が存続・発展する経営体制を整えることです。

a．事業承継の一時点の効果だけを考えた対策とは

　例えば，不動産を取得して株価を下げるという株価対策を行った後に自社株を渡した場合には，納税資金や自社株の買取資金など，自社株を渡すための資金負担が減ることになり，これ自体は，事業承継の一時点だけをみれば，正しい対策です。

　しかし，その不動産が会社の本業には必要のないものだった場合には，後継者の経営においては，必要のない不動産の管理負担が発生し，また，不動産取得の借入金があれば，財務上，今後の事業資金の借入においてデメリットになることがあります。

　また，不動産を活用した株価対策は，時価と路線価・固定資産税価格という不動産の評価方法の違いにより，計算上，株価を下げる効果を得るものですが，その不動産価額そのものが下落してしまうと，計算上ではなく，実態的に会社の資産を毀損したことになり，長期的な視点では，正しかったとは言い難いものになります。

　つまり，事業承継時点で効果があると考えられる対策方法でも，将来，後継者の代では，デメリットになることもあるということです。

b．会社の存続・発展を考えた対策とは

　将来にわたり，会社が存続・発展するために，最も重要な存在は社長，つまり後継者です。

　したがって，会社を担っていく後継者を選定・育成し，また後継者がスムーズに経営を行えるような体制を整えることが対策において重要であるということであり，詳細は第Ⅲ章でご説明しますが，例をあげると，取締役会・株主総会の再構成や，後継者を支える役員の選定・育成などです。

　事業承継対策は，近視眼的にならず，長期的な会社の存続・発展を考えた上で，コンサルティングを行うことが必要であることを，まずご理解ください。

②　社長のハッピーリタイア

　形式的にみると事業承継＝社長が引退するということですが，長年，会社に貢献してきた社長がハッピーに引退できるかどうかを考えることも事業承継コンサルティングの目標です。

　何がハッピーかということは，社長それぞれによって異なりますが，次の２点は多くの社長に当てはまる可能性があるポイントです。

ａ．想いを後継者に託す

　社長のハッピーリタイアに重要なことは，後継者を一人前にした上で，これまで自分が築いてきたものや，会社に対する想いを後継者に渡し，会社が今後も発展することです。

　社長が80歳になっても，後継者が育っておらず，事業承継の見通しが立たないとしたら，せっかく社長が発展させた会社が存続しない可能性もあるということで，それは，社長にとっては，悲劇でしかありません。

　経営することが楽しくて，なかなか会社を辞められない社長であっても，自分がリタイアする際には，自分の想いをつないでくれる後継者が育っていることが必要です。

 ある社長のコメント

「自分は，まだ会社を辞めたくないから事業承継対策のことは考えたくないけど，辞める時には後継者は育っていないとまずいのはわかっているよ。

でも，やっぱり，事業承継対策のことはなるべく考えたくないな」

　これが，多くの社長の本音です。

　長年，会社に尽くしてきた社長が，事業承継対策に着手し，自分の想い
を後継者に伝えられるような状況を作ることがコンサルティングにおいて
重要です。

b．功績を，お金に換算する

　会社の存続・発展は，全ての経営者の願いですが，社長がリタイアされ
る時に，これまで頑張ってこられた<u>社長個人の功績</u>を表すものは，意外と
存在しないものです。

　社長は過去の実績を振り返り，自分はこれまで，よく頑張ったなと思っ
ても，リタイアの際に，褒めてくれる人は，そんなに多くありません。

　なぜなら，社長就任時からリタイアまでの社長のご苦労を知っている人
は役員くらいですし，取引先や銀行など社外の方は，社長の功績は理解し
ていますが，リタイアとなると，その功績を称えるよりも，後継者の経営
手腕に興味があるからです。

　そこで，多くの社長は，せめて，**自分の貢献度をお金に換算して満足し
たい**と考えるものです。

　例えば，社長には，会社の株価が高い場合，その株価を生み出したのは
社長自身の会社に対する貢献度だという気持ちがあることが多いものです。

　わかりやすく言うと，

 ある社長のコメント

「自分はこれまで頑張ってきたのだから，社員のみんなも評価して欲しい。
　評価というのは，やはり，お金のことなんだよ。この歳でたくさんお金

をもらっても使うことはないんだけど，評価の尺度はお金しかないからね」ということです。

一般に，事業承継対策を検討されている社長は高齢のため，何かに使うためにお金が欲しいという方は多くなく，**会社から受け取る金額が自分の功績に対する評価のバロメーター**と考えるということです。

したがって，功績を評価してもらうために，相応な退職金を受け取りたいとか，自社株の一部を現金化したいというのは偽らざる社長の心境です。

このような考え方は，特に創業社長には強い傾向です。創業社長の場合には，文字通りゼロから会社を興し，私財を投げ打ち，自分の人生の全てを捧げ，時には家庭を顧みずに働いたのですから，こういう気持ちになることは当然と言えるでしょう。

ただ，日本人は，他人が高額のお金を受け取ることを歓迎しない，または，妬む傾向があるので，社長の方からお金が欲しいとは言いにくいものです。

そこで，社長の貢献度への対価を受け取れるように，その実現をサポートすることは，コンサルティングの重要な目標です。

③　親族の納得感

事業承継コンサルティングは，通常，社長とディスカッションしているので，会社と社長・後継者に最適な答えを準備しようとするのが通常ですが，同族会社の場合には，多くの親族が関わっており，社長とその後継者だけがハッピーになれても，親族にとっては不利益になることは好ましくありません。

社長の親族は，会社の関係者であることも多く，その場合に親族は，後継者とともにこれから会社を担っていくことがある人たちなので，親族に

も納得できる方法を考える必要があります。

　親族との関係は立ち切ることが難しく，また特に地方都市の場合には，親族が同じ地域に住んでいることから，その関係を維持することの重要性は高いため，親族が納得していないと，後継者は経営において，苦労することになります。

　事業承継後も，親族の関係が良好で，後継者が親族などの関係者の対応に時間を費やすことにならないような方法で事業承継を行うことは，コンサルティングの重要な目標です。

コンサルティングを行う税理士の目標

　さて，これまで事業承継コンサルティングの目標①〜③をお読みいただいて，なんだか大変そうな仕事だとお感じになったかもしれません。

　もちろん，大変であることは間違いありませんが，顧問先が税理士のコンサルティングの結果，事業承継後も存続・発展し，社長，後継者，親族関係者全員がハッピーな状況を作ることができるとすれば，大変価値のある仕事ではないでしょうか。

　ただ，そのように大変なコンサルティング業務を今までの報酬で対応することは，割が合わないというお考えも当然だと思います。

　大変な仕事に対しては，**正当な報酬を堂々と請求していただきたい**と思います。

　これまでは，コンサルティング報酬を請求できないので時間をかけられないというお考えだったかもしれませんが，逆に『コンサルティングに時間をかけるので，きちんと報酬をいただく』というように，発想を切り替えてください。

　報酬をいただくことで，税理士は顧問先の事業承継対策に責任を持つことになり，片手間ではできなくなります。これが，社長にとっての安心と信頼につながるのです。

第III章

コンサルティングノウハウを身につける

事業承継対策の全体像の確認

さて，それでは，コンサルティングの手法を身につけていただく前に，まず，事業承継対策の全体像を俯瞰していただきます。

♣ 事業承継対策とは何か？

事業承継を検討される多くの社長がコメントされることは，「まだまだ，後継者には，経営は任せられん！」ということですが，逆に言えば，後継者に経営を任せられる状態になれば，社長もご満足いただきバトンタッチすることができます。これが，事業承継のゴールです。

つまり，次のように定義することができます。

> 事業承継対策とは，後継者を育成し，後継者にバトンタッチした後も，会社が存続・発展できるように経営体制を整える手続のこと。

事業承継対策は，決して，自社株にかかる税金対策の話だけではないということです。

事業承継で渡すものは，経営と自社株の２つですが，単純に後継者に社

長という肩書を与えて，自社株を渡せばいいというほど簡単ではありません。経営と自社株を承継するためには，さまざまな検討事項があり，それをひとつひとつ検討・実行することによって，**後継者にバトンタッチした後も会社が存続・発展できるような経営体制**を作り上げるというゴールに辿り着くことができるのです。

♣ 事業承継対策で取り組むべき15の検討事項

次頁の表に，事業承継対策で取り組むべき15の検討事項と，それぞれの項目を整理しました。

後継者の選定，育成方法など全ての企業に対象になるものと，兄弟経営の方法やM&Aのように，一部の企業だけ対象になるものを分類していますので，これをご覧いただくと，事業承継で検討すべき項目は，多岐にわたることがおわかりいただけると思います。

【事業承継対策で検討すべき15項目】

対象		検討項目
すべての企業	1	後継者の選定
	2	後継者の育成方法
	3	経営体制の構築
	4	株主構成の検討
	5	経営と自社株を渡す時期の検討
	6	社長交代についての関係者の理解
	7	自社株の承継の実行に関する方法の検討
	8	株価対策の検討
	9	正確なバランスシートの引継と資産内容の見直し
	10	各種社内規程の整備
	11	社長がリタイアする際に必要な資金
	12	自社株を含めた個人財産の承継
一部の企業	13	兄弟経営についての検討
	14	関連会社のあり方の見直し
	15	M&A（売却）の検討

事業承継対策：15項目のアクションプラン

　それでは，事業承継対策で検討しなくてはならない15項目について，検討のポイント・税理士の役割について，順番にご説明します。

　対策方法については,「これが正解」というものはありませんが, この
アクションプランは, 私の長年のコンサルティング経験を基に作り上げて
おりますので, まず, これを身につけた上で, 各々の会社の状況や社長の
ニーズに合わせてコンサルティングを行ってください。

1. 後継者の選定

　事業承継の方法を分類すると, 社長の子供や甥, 姪などの親族にバトン
タッチする場合には, **親族内承継**といい, 親族ではない人にバトンタッチ
する場合には, **親族外承継**といいます。

　親族外承継の代表的な例は, 社内にいる親族以外の役員にバトンタッチ
することです。

　後継者の選定を考える場合, 親族内承継・親族外承継に共通の事項と,
親族外承継固有の事項がありますので, 2つにわけてご説明します。

A. 親族内承継・親族外承継共通の場合

コンサルティングのポイント

☞ 後継者の選定は, 現社長の代わりに会社を担う能力のある人を選ぶ作業
　であり, **事業承継対策で最も重要な検討事項**

☞ 一般に, 社長は, なかなか後継者を決められない。決めたとしても,
　考えが変わることがあるので, 早期着手が必要

☞ 税理士は, 後継者選定の助言を行う

▶▶コンサルティングに必要な知識◀◀

❖ 後継者の選定が事業承継対策の最重要課題

　事業承継対策は，前述の通り，さまざまな検討項目がありますが，その中で，**最も大切なことは，会社を牽引する後継者を決めることです。**

　これをご理解いただくためには，会社の創業時をイメージするとわかりやすいと思います。

　会社が創業し，業容を拡大していくために，最も重要な要素は『社長』です。会社が事業活動を行うためには，経理担当者，新しい商品を開発する技術者，新規取引先を獲得する営業担当者など，色々な分野の役割を果たす社員が必要ですが，会社の発展の過程では，日々，さまざまな経営判断が必要であり，その重要な役割を担うのが社長です。

　事業承継では，重要な役割を担ってきた社長が交代するのですから，経営基盤は安定しているとはいえ，その後も会社を存続・発展させるためには，社長に相応しい人物を選ばなければならないのです。

　経営を担うのに相応しい後継者を選ぶことができなければ，他のどんな要素が整っても，会社の将来は不完全なものであるということです。

❖ 社長が後継者を決めるのは簡単ではない

　さて，事業承継において，最も重要なことが後継者の選定とはいえ，社長は後継者を決めて，指名することが，なかなかできないものです。

　その原因は次の通りです。

社長が後継者の指名をしていない原因

①まだまだ自分が社長として経営していたい

②後継者を指名して，断られるのが怖い

③複数の後継者候補がいる場合，指名されなかった候補者がどのような反応をするのかなど，影響が見えずに不安を感じる

①　まだまだ自分が社長として経営していたい

　多くの社長は，後継者は育って欲しいと考えつつも，<u>社長でなくなった自分の姿など想像したくない</u>ものです。

　これが，後継者指名について，最大のブレーキとなる要因です。

　一定年齢以上の社長で，事業承継対策のことを心配していない方はいないのですが，事業承継対策をしなければならないと思いつつも，検討を先送りにしがちなものです。

　なぜなら，**社長は経営をしていることが，一番楽しいから**です。

　会社をリタイアして家でのんびりしたいと考える人は，ほとんどいないといっていいでしょう。それぐらい，社長というのは，会社経営に情熱を持って生きて来られたのです。

　社長が会長職に退いた場合，取引先や銀行は『社長』という肩書がある人に話をするため，それらの人は，会長には日常のビジネスの話をしなくなります。

　もし，それらの人が社長の頭越しに会長と話をしたら，両方の組織が混乱するので，これは当然のことですが，社長としては，そのような寂しい状況になることを考えたくないのです。

　特に，創業社長は，この感覚の強い方が多いとお考えください。

②　後継者を指名して断られるのが怖い

　同族会社の後継者候補は，社長の子供であることが多く，その子供に断られたら，他の選択肢を検討することが大変なので，不安に思ってしまうことがあるものです。

　意外に思われるかも知れませんが，社長が会社を託したいと考えている子供が，会社を継ぎたいと考えているとは限らず，社長は，子供に断られた時のことを考えると不安になり，なかなか指名しないことがあります。

　また，子供が社外に勤務している場合には，子供には子供の人生があるので，それを尊重したいという気持ちから，後継者指名をためらうこともあり，子供を後継者に指名するまでには，時間がかかってしまうのです。

　例えば，長男を取締役に就任させていて，社長は長男を後継者にすると心に決めていて，周囲も長男が後継者なのだろうと推測しているような状態でも，社長は，まだ長男に後継者指名をしていないケースは多いものです。

③　複数の後継者候補がいる場合，指名されなかった候補者がどのような反応をするのかなど，影響が見えずに不安を感じる

　例えば，社長の長男と次男の２人が後継者候補として入社している状態で，社長としては，次男に継がせたいと考えているものの，次男を後継者に指名した場合，長男の気持ちや立場がどうなるのかということや，自分が亡くなった後も，兄弟が仲良くやっていけるのかなど，想像がつかず，不安になり，どうしても先送りにしてしまうということです。

　つまり，社長は<u>経営者としての気持ち</u>と<u>父親としての気持ち</u>の間で揺れ動くものなのです。

44

経営者として　　親として

❧ 後継者候補は，あくまでも『候補者』である

　社長が辞めたくない気持ちを乗り越えて，後継者指名を果たし，後継者育成に取り組んだとしても，後継者育成の過程で，社長が「後継者候補は経営者の器ではない」と判断することもあります。

　また，後継者の方でも，後継者修行をしている間に，自分は社長に向いていないと感じ，社長のイスを放棄することもあります。

　意外に感じられるかもしれませんが，同族企業の場合には，こういうことがあるものです。

　そうなると，最初の後継者候補をあきらめて，一からまた後継者の選定に戻ることになってしまいます。

　このように，後継者の選定には相当な時間がかかるため，<u>早期に着手しなければならない</u>ということです。

❧ 会社を継がない子供のケア

　後継者に選ばれなかった社長の子供がいる場合，その子供が社長になることを希望していなければ問題ないのですが，社長になりたいと考えていた場合には，その落胆は大きなものです。

　例えば，長男が社長になりたいと考えて日々の業務を頑張っていたところ，次男が後継者に指名された場合，長男はがっかりするとともに，おそらく一生社長になれないであろうということを受け入れなくてはなりません。

　そのような場合に，次男が長男と協力して会社を経営することができるかどうかわからないものです。

　しかし，社長は一般に，そのような状況でも長男の心情を察してケアすることは少ないので，税理士が社長の代わりにケアすると非常に効果的です。

▶▶▶税理士の役割◀◀◀

【税理士の役割1】

　早期に後継者選定をしなくてはならないことを説明する

　後継者の選定には，時間がかかるので，合理的に考えれば，早期に後継者の選定をすることは当然ですが，前述のように社長は，後継者指名がなかなかできないものです。

　親族が説得しようとすると，「俺を辞めさせるのか？！」とか「まだまだ，息子にはまかせられん！」という社長の逆鱗に触れることになり，話が進まなくなります。

　実の親子であっても事業承継の話をするのは大変ですので，ここは，第三者である税理士が，冷静に，この問題を解決することが重要になります。

　税理士の役割は，早期に後継者指名をしないことのデメリットを説明することです。

　社長が高齢になっても，経営を続けたいと考えるのは，ある意味，**社長のわがまま**でもあり，そのわがままをいつまでも続けていると，会社の存続にはマイナスであることを，具体的に説明しましょう。

　税理士が社長に対して，事業承継の開始について提案をすることは，ハードルが高いとお感じになるかもしれませんので，色々な会話例を用意しました。

 税理士から社長への説明の例

「社長が経営を続けたいお気持ちはわかりますが，事業承継対策をしなかったために，社長がこれまで苦労して大きくされた会社が，存続しなかったら，残念ではありませんか？　事業承継はまだまだ先の話ですが，対策は，早目にスタートした方が，検討する時間が多くなります。」

「一緒に，会社を大きくしてくれた従業員が路頭に迷うことにならないように事業承継対策をしたいですね。」

「後継者に任せられないと言っても，後継者指名をして育てなければ，育たないのではありませんか？」

「後継者の育成を始めたところ，後継者候補が経営者の器でないと社長が判断して，別の後継者候補を育てなければならないことがあるようです。そのような事態も想定して，早期に着手されてはいかがですか？」

　このように，後継者指名を行わない社長に，そのデメリットを想像しやすいように説明をすることがポイントです。

【税理士の役割2】
　後継者選定について，第三者としての意見を述べる
　社長自身は，心に決めた後継者がいる場合でも，自分の判断が正しいの

かどうか，誰かの意見を聞きたいと考えていることがあります。

　会社には親族がたくさんいますが，親族に意見を聞くことは，親族同士の色々な利害関係に影響を与える場合もあり，意見を聞くことのできる相手はなかなかいないものです。

　そこで，税理士の役割は，後継者候補の選定において，第三者としての意見を述べることです。

　社長から後継者候補の説明があった場合には，税理士は，社長に対し，後継者候補の選定理由が，経営能力によるものなのか，例えば，『長男だから』という後継者候補の属性によるものなのかを確認します。

　過去の慣習から，いまだに『長男が社長になるのが当然』という地域もあるようですが，現代のように変化のスピードが早く，社長がたくさんの決断を求められる時代に，『長男だから』という理由だけで経営能力のない人を後継者にすることは経営上，好ましくありません。

　したがって，後継者候補の選定理由が，後継者候補の経営能力を評価したものでなければ，税理士は社長の決定に異を唱えたいところです。

　次に，具体的に社長が選んだ後継者候補が経営者に相応しいのかどうかについて，第三者として客観的な意見を述べてください。

　社長に対して反対意見を述べるのは，勇気がいるかもしれませんが，『会社の存続・発展』という目的のために，税理士は，第三者として，客観的，合理的に意見を述べる役割であるということを認識してください。

　そして，ここで重要なことは，後継者選定について，税理士が正解を述べなくてはならないというわけではないということです。

　税理士からみて，社長が選定した後継者候補が，会社を担うのに相応しい人物なのかどうか，後継者候補とディスカッションをした印象を踏まえ，ご自身の判断で，社長に意見を述べるだけで良いのです。

　社長としては，自分の考えが正しいのかどうか迷われていることも多く，他の誰かの意見も参考にしたいとお考えのことがあるので，自分が選んだ後継者が，税理士にも認められれば安心されるでしょう。

　また，税理士の意見が社長と異なった場合でも，税理士の指摘は貴重な第三者の考えとして参考にされるので，自分自身の発言について，過度に慎重になる必要はありません。

　私の過去の経験でご説明しますと，これまで，後継者候補の選定については，長男，次男という属性を排除し，経営能力という点で，社長とお話しをしてきましたが，社長と意見が大きく異なることは，ありませんでした。稀に，次男の方が優秀だと感じつつ，長男の気持ちを考えて，決断ができない社長はいらっしゃいましたが，その場合も，最終的には経営能力を比較し，次男を後継者にされました。

　後継者の選定において，『経営能力』という点にフォーカスすると，判断は大きく異なることはないということだと考えています。

　なお，社長の考えと異なる後継者候補を選定し，その意見を述べる場合には，**税理士と社長に，本音で話ができるような人間関係が構築されていること**が前提になります。

　もしも，このヒアリングの段階で社長のご機嫌を損ねそうな空気を感じ，反論することが得策ではないと判断された場合には，後継者候補をどのように選定されたのかの理由の確認にとどめ，その後の検討の過程で，徐々にご自身の意見を社長にご説明することも検討してください。

　事業承継コンサルティングにおいて，社長のお気持ちは複雑に揺れ動くので，コミュニケーションには細心の注意を払ってください。

【税理士の役割3】

後継者候補に意思確認をする

　後継者を選定するためには，後継者候補が会社を継ぐ意思が重要であるため，その意思確認をする必要があり，社長が後継者候補に意思確認をする際のサポートをするのが税理士の役割です。

　それでは，後継者候補が社長の子供である場合について，考えてみましょう。

　一般に，社長の子供，特に長男は，物心ついた時から，自分が社長にならなければならないのではないかと考え，重い十字架を背負った気持ちになっていることが多いものですが，重要なことは，社長の子供，全てが『長男が社長で，弟はその下で働く』とは考えていないということです。

　社長になりたい長男もいれば，弟の方が社長に向いているから弟に社長を任せたいと考えている長男もいます。

　また，弟は，兄が社長になるのが既定路線だから，自分は後継者ではないと考えている場合もありますし，自分の方が社長に向いているから，社長になりたいと考えていることもあります。

　このように，社長の子供たちの考えはさまざまで，継ぐ意思がある人もない人も，実際に，社長から後継者に指名されない限り，果たして自分が会社を継ぐのかどうか不安で，もやもやしているのです。

　また，社外にいる社長の子供は，社外での自分の人生を歩みつつも，いつか後継者として呼ばれるのかどうか，気になっていますが，自分から社長に対して，質問することは少ないものです。

　つまり，社長が後継者指名をしない限り，社長の子供たちは，結論が見えないまま，宙ぶらりんの状況にあるということです。

　社長が後継者候補に意思確認をすることができればいいのですが，前述

のように，それは簡単ではありません。

　社長は，後継者候補に断られる不安を感じ，なかなか意思確認ができないと，事業承継対策が進みませんので，税理士は，この意思確認をサポートすることが重要です。

　意思確認の方法としては，①税理士が社長と同席して後継者候補に確認する方法か，②社長に代わって税理士が意思確認を行う方法の2つの選択肢があります。

▶▶▶税理士の具体的なアクション①
　　税理士が社長と同席して意思確認のサポートを行う

　基本的には，社長が単独で後継者指名をすることが好ましいのですが，社長は後継者候補から断られることを恐れていることがありますし，また，複数の子供がいる場合には，社長単独では，後継者指名を行うことのハードルが高い場合があります。

　社長単独で後継者候補の意思確認が難しい場合，税理士が同席してミーティングを行えば，社長も重い腰をあげる可能性があります。

　なお，後継者候補からみて，社長と税理士と自分の3人で，ミーティングを行うとなると，緊張されることが予想されます。

　したがって，税理士は，社長と後継者候補の会話がスムーズに進むように，司会進行の役割を果たしながら，後継者候補の意思確認のサポートを行いましょう。

　そのミーティングにおいて，社長が後継者指名を実施し，その後，後継者候補が，すぐに会社を継ぐ，継がないという意思を表明してくれればいいのですが，後継者が態度を保留され，長い沈黙が流れることがあるものです。

　その場合に，税理士は「それでは，今日のこの段階では結論は出ないよ

うですが，○○さん（後継者候補）は，じっくりと，検討してください」
と助け船を出してあげてください。

　このミーティングを，小さなことのように感じるかもしれませんが，も
し税理士がこの役割を果たさなければ，後継者への意思確認のきっかけす
らありません。

　後継者を決めなければ，事業承継のプランニングが進みませんので，税
理士が社長と後継者候補の間に立って，フォローすることは，とても重要
です。

▶▶▶税理士の具体的なアクション②
　税理士が単独で意思確認を行う

　社長が，税理士が同席した後継者候補とのミーティングでも，後継者指
名をためらっている場合や，後継者指名をする時期ではないものの，将来
のこととして会社を継ぐ意思があるかないかを確認しておきたい場合など
には，社長に代わって，税理士が単独で，後継者候補の意思確認をするこ
とを社長に提案しましょう。

　後継者候補にも，会社を継ぐ人生，継がない人生があり，子供だから当
然に継ぐという単純なものではないため，社長の前ではなかなか言い難い
悩みを抱えている場合があります。

　特に，会社を継ぎたくない長男の場合には，「自分は長男だから，社長
から会社を継ぐことを期待されていると思うけれど，断ったらどうなるだ
ろう」と心配しているケースもあります。

　もし，税理士が後継者候補と本音で話せる人間関係を築いている場合は，
オフレコで話をするというのも良い方法です。

　税理士は，後継者候補のよき相談相手になりながら，後継者候補と本音
でディスカッションをして，後継者を決定するサポートをしてください。

事例：税理士が社長とは異なる観点で後継者を推薦したケース

社長の子供２名，甥１名が，入社して役員になっている会社がありました。常日頃から，社長は「必ずしも長男を後継者にするとは決めていない。優秀な者を後継者にする」と話されていましたので，社長の子供や甥っ子たちは，もしかしたら自分が社長になれるかもしれないと考えて，日常の業務に取り組んでいました。

そして，社長が75歳になった時に，後継者を決定することになりました。

社長としては後継者候補のうち，甥の役員としての働きぶりを見て，経営者に向いていると判断をしていました。

ただ，後継者と一緒にこれからも働く役員の意見も聞くべきだと考え，自分の独断ではなく，役員や関係者に確認をすることにしました。

そうすると，古参の役員も，甥は他の後継者候補と比較して決断力があり，社員からの人望も厚いため，後継者に相応しいと発言し，社長の考えと同じであることがわかりました。

次に，社長は，社外の第三者の意見として，日頃，後継者候補たちと親密な関係にあり，色々と相談に乗っている税理士に相談しました。

税理士は後継者候補との日頃の面談の中で，社長の子供２名，甥の全員が社長になりたいという意欲があることを確認していました。

また，会社がある地域は，長男が社長になるのは当たり前の土地柄であり，税理士は社長に対し，「当然，長男を後継者にするべきで，もし甥が後継者になった場合には兄弟・従兄弟間がぎくしゃくしてしまい，次世代の経営がうまくいかなくなることが予想されるので，それは回避すべきです」と答えました。

確かにその地域は，これまで，後継者のほとんどが，長男だったのですが，社長としては，これからの時代は経営能力で後継者を決めるべきと考え，甥を後継者に決定しました。

　社長と税理士の意見は異なったものになったのですが，税理士が兄弟・従兄弟の関係がぎくしゃくする可能性を指摘していたので，社長は，その意見に基づいて，後継者指名においては，社長になれない長男，次男とじっくり話をして，従兄弟同士で協力して経営するようにと説得することができました。

 事例のポイント

　後継者の選定において，税理士と社長の考えは異なりましたが，税理士が，兄弟・従兄弟の経営において，社長は気が付かなかった点をアドバイスすることができたということにおいて，意義がありました。

　これは，税理士が後継者候補と本音で話し合える関係にあり，後継者候補の本音を聞き出せていたことが大きなポイントです。

【税理士の役割4】
後継者になれなかった子供をケアする
　社長の長男が後継者になりたかったけれども，なれなかったケースで考えます。

　税理士は自分が，後継者になれなかった長男と社長抜きで直接面談することを提案し，社長のご了解をいただいたら，長男の本音をお聞きし，今後，どのように次男を支えていけるのかということを一緒にディスカッションしましょう。

　長男が社長になれなかったことを気にしていないのであれば，ディスカッションの継続は不要になると考えられます。ただ，長男が社長になれなかったことを心の底では不満に感じている場合，このディスカッションには意味があります。

　長男としては，誰かに心情を打ち明けるだけでも，辛さが緩和されるものですので，そのディスカッションを継続するだけで，長男は次男と協力して会社の経営を担っていこうという気持ちに近づくかもしれません。

　しかし，長男にとって，将来にわたって，次男の下で仕事をすることが，耐えがたい状況であれば，まず，長男が後継者候補にならなかったことについて，不満を持っていることを社長にお伝えし，兄弟が衝突しないように，兄弟が別部門や別会社で働く体制の構築が必要であることなどを社長に対して説明することが大切です。

　なお，兄弟経営の方法についての詳細は，本章【13. 兄弟経営についての検討】で，ご説明します。

Ｂ．親族外承継の場合（社内の非同族役員に承継するケース）

　最近では，社外の第三者が後継者になるケースも見られるようになりましたが，未上場企業の場合にはまだまだ一般的ではありませんので，ここではそれを除外し，社内の親族以外の役員を，後継者として選択する場合の検討事項について，ご説明します。

コンサルティングのポイント

☞ 役員がナンバー２としては能力があっても社長としての適性があるかどうかわからない

☞ 非同族役員は，通常，社長になることは考えていないため，意思確認は早急に行う必要がある

☞ 非同族役員が自社株を承継することは，資金負担の面で難しい

☞ 社長に子供がいない場合には，社員が事業承継対策の状況について不安に思っていることがあり，その対応が必要

▶▶コンサルティングに必要な知識◀◀

♣ ナンバー２としての優秀さは，社長の適性とは関係がない

　子供のいない社長は，社内の同族ではない役員を後継者候補と考える場合があります。

　例えば，専務取締役は，社長の右腕として，また，役員の代表格として，活躍されている方が多いので，社長としても，「専務は会社のことをよく知っているし，自分の後継者になって会社を任せてもいいのではないか」と，大きな期待を寄せていることがあるものです。

　しかし，社長に最も必要な能力は，決断力です。ナンバー２は，決断した経験が多いわけではなく，それよりも社長が決断したことを実行する能力に長けている方と考えるべきです。

　つまり，専務がナンバー２として優秀でも，社長としての能力があるかどうかはわからないということです。

♣ 非同族役員が社長になるための覚悟

　そもそも，非同族の役員は，役員のまま会社員人生を終えることを想定しており，社長として会社を発展させ，社員の生活を守るということの重圧に耐えられる人は多くないでしょう。

　最近では，社長が銀行借入の保証人になることは減ったとはいえ，会社が事業の運営上，多額の借入をしていて，自分がその社長として間接的に責任を負っていると考えることは，サラリーマンとしては，恐怖でしかありません。

　非同族の役員は，社長の親族のように，相続で財産を取得することがなく，資産背景がないのに，社長としての責任を負うことを喜んで受け入れるわけではありません。

それでも，非同族の役員を後継者にする場合には，その人に<u>社長になるための相当な覚悟があること</u>が前提となります。

♣ 非同族役員への意思確認は早急に行う

非同族の役員を後継者にしようと考えている社長は，「後継者は，○○専務にするから事業承継対策の問題はない」と言いながら，その意思確認ができていないことが多いものです。

やはり，非同族の役員が社長になるためには大きな覚悟が必要なことは，社長もよく理解しているので，意思確認をすることをためらい，また，役員に断られた場合，次の手がなくなるので，その不安から，なかなか進められないのだと考えられます。

しかし，断られたら，次の後継者候補の検討に進まなくてはならないので，役員の意思確認は早急に行わなければなりません。

♣ 非同族役員が自社株を承継することは資金負担の面で難しい

事業承継対策が必要な会社は，一般的に株価が高いので，サラリーマンである非同族の役員が自社株を承継することは，その資金負担の面で難しいものです。

自社株の取得に関する資金は，役員の自己資金では対応できず，個人での多額の借入も現実的には難しいと考えられ，法人の自己資金もしくは借入で対応する場合には実現可能ですが，役員が借入に対する責任を負うことに変わりなく，その方法を受け入れないこともあります。

そうなると，資産背景のある現社長から財産を相続する親族が自社株を所有し，非同族の役員が経営をするということになります。これは，親族が会社経営に関与していない場合には，いわゆる『所有と経営の分離』の状態になります。

　その場合，株主総会での決定権は，会社と関係のない親族が握ることになり，社長としては，常に親族にお伺いを立てる必要が生じ，これも大きなハードルになります。

　したがって，親族外承継の場合は，これらのことを総合的に考えて対応する必要があり，簡単ではないということです。

🔍 事例：創業社長の娘が大株主のケース

　ある会社の創業社長の子供は，社外に勤務する長女だけでした。

　社長としては，長年自分を支えてくれてきた役員に経営を任せたいと考えていました。ただ，自社株の評価額が高いため，これを役員に渡すことは，資金面の負担が大きすぎるということと，やはり，自社株は自分の子供に渡したいという2つの考えから，自社株は長女に渡し，経営は非同族の役員にすることで最終決定しました。

　役員は，自分自身が経営を任されたことについては，とてもやりがいを感じましたが，会社の重要事項を決定する際の株主総会では，社長の長女にお伺いを立てなくてはならないことだけが将来的には不安材料と感じられました。

　幸い，創業社長の相続後も，後継者である役員と長女の関係は良好であったものの，将来，長女の相続発生時には，相続人である配偶者や子供から自社株を買い戻す際の交渉が発生することは，潜在的な経営上のリスクと考え，そこで，その対策も視野に入れ，役員・従業員持株会を組成したり，中小企業投資育成などの第三者の株主を増やしつつ，自社株を長女から段階的に，買い取ることにしました。

　このような資本政策を進めることができるのは，親族と経営陣の関係が良好であるからであり，長女に相続が発生した場合には，実行が難しくなることも考えられ，慎重かつ迅速に行っています。

　親族外承継は，親族内承継と異なり，このような資本政策についても，対策を実行していく必要があるということです。

♣ 後継者が未定の場合，社員も事業承継の動向には関心がある

　親族以外の社員は，社長の事業承継の検討状況は知ることができませんが，自分が勤務している会社の事業承継がどうなるのかということに関心を持っていることが多く，特に，社長に子供がいない場合には，<u>強い関心と不安</u>を抱いています。

　社員にとっては，会社は，自分の生活を支える給料をもたらす大切な存在であり，また，それを牽引する社長が誰になるのかということは重大なことだからです。

　事業承継の結果によって，自分の今後の人生は大きく左右されることになるので，それは当然と言えるでしょう。

　同族会社で，社長の子供がいれば，子供が会社を継ぐことが，ある程度想定されますが，子供がいない場合には，事業承継がうまくいくのかどうか，社員は不安に思っているものです。

　事業承継対策を考える場合，社長のリタイアに目が向きますが，事業承継の対策状況を気にしている**社員の気持ちについても，頭に入れておくことが大切**です。

▶▶▶税理士の役割◀◀◀

【税理士の役割１】非同族役員への早期意思確認を促す

　非同族役員を後継者候補と考えているのであれば，前述のような非同族承継の難しさを社長に説明してください。その上で，社長が後継者候補である役員に早期に後継者となることの意思を確認し，応諾が得られない状態であれば，役員が納得できるような条件を整えて提示することが必要で

あるとアドバイスすることが重要です。

　非同族の役員が社長になることは，役員の人生を大きく変えることであり，役員だけでなくその家族にも影響が及びます。

　したがって，結論を出すまでには時間がかかりますし，また，断られたら，すぐ別の方法を考えなくてはならないことを，社長にご理解いただく必要があります。

　社長は，非同族役員に意思確認をするのをためらっていることが多いものですが，何もアクションを起こさないことは，事業承継対策にかけられる時間が減ることになります。

　税理士の役割は，後継者が決まらない状態の問題点を説明し，社長に重い腰を上げていただくことです。

【税理士の役割２】

事業承継対策をしていることを，社員に理解していただく方法を考える

　社員に対して，事業承継対策をしている状況を伝えることが重要であると認識されている社長は少ないものです。それは，一般的に，社員が事業承継対策の状況について，関心と不安があることを社長は認識されていないからです。

　税理士の役割は，事業承継対策を検討している事実を社員に知ってもらう必要があることを社長に理解していただき，伝える方法について，社長と一緒に考えることです。

　社員が事業承継対策の進捗状況への不安を抱いていることに対応するといっても，当然のことながら，事業承継対策の状況をつぶさに伝えることは正しくありません。

　例えば，複数の後継者候補がいる場合に，後継者の選定結果を社員が知ることは，派閥形成，ひいては内紛などの影響も考えられます。

　社員に対しては，事業承継対策の内容ではなく，**事業承継対策を行っ
ているという事実だけが**，伝えられれば良いのです。

　伝える方法はさまざまですが，社長がご高齢であれば，事業計画の一部
に『○年後に事業承継をする』と，織り込むことや，また，そこまで，
大々的に発表をする段階に至っていない場合には，役員・幹部社員に，事
業承継対策の検討を行っていることを説明するのは一つの方法です。

　どのような方法が良いのかということは，会社ごとに異なりますので，
まずは，社員も事業承継対策について心配していることを社長に説明し，
方法論については，社長と相談の上，決めてください。

　なお，まちがっても，税理士から，直接，社員に対して，事業承継対策
の検討状況を開示することを行ってはいけません。

事例：社員が事業承継の検討状況を心配していたケース

　社長は高齢で，子供がいないため後継者が決まらず，社員も，事業承継
の検討状況がわからず，不安に思っている会社がありました。

　社長は75歳になり，事業承継対策を本格的に考えなければならない時期
であると感じ，社内に事業承継対策を検討するプロジェクトを立ち上げま
した。

　これは，社長が高齢であり，自分自身が正確に対策方法を理解できるか
どうか不安になったことと，事業承継対策の実行においては，社員に対応
してもらう必要があること，そして，検討の途中で自分が亡くなったら，
誰も対策の状況把握ができていないので混乱を招く可能性があるという理
由からでした。

　そこで，社長，役員，総務部長，財務部長，ならびに顧問税理士と弊社
がメンバーになり，定期的にミーティングを行うことになりました。

　そして，社長から社員全員に対して，事業承継対策のミーティングをス

タートすることが発表され，それにより社員は，自分が勤務する会社への不安を軽減することができました。

 事例のポイント

　事業承継対策の検討内容は，後継者の選定など，重要な内容が含まれるため，会議内容の詳細については当然のことながら，社内でも情報遮断することになりましたが，事業承継対策のミーティングが行われることが公表されたので，社員は安心することができたという事例です。

2．後継者の育成方法

コンサルティングのポイント

☞ 社長が長年の業務で獲得された知識・経験とノウハウを引き出し，後継者に伝える仕組みを作る

☞ 財務，税務，法務等，会社の経営に必要な実務知識を，後継者が身につけるためのサポートをする

☞ 一人前になれるかどうか不安になっている後継者への精神的なサポートを行う

☞ 社外に勤務している後継者候補に，社外の勤務先でノウハウを身につけ，人脈をつくることの重要性を説明する

▶▶コンサルティングに必要な知識◀◀

　後継者育成というと，漠然としていて，具体的に何に取り組めば良いのかわかりにくいことが多いと思いますが，後継者が一人前になるために身につけるべきことは，大きく2つあります。

62

　それは，『社長が長年の業務で獲得された知識・経験とノウハウ』のように社長から学ぶしか方法がないものと，『財務・税務・法務知識』のように，座学で身につけることができるものです。

　ただ，後継者がそれらを身につけるための仕組みが構築されているわけではないので，後継者は孤軍奮闘することがあるものです。

　後継者が，一人前になる過程で，苦労することがないように，<u>後継者が学ぶ仕組みの構築と，孤軍奮闘する後継者を精神的にサポートすることが必要です</u>。

♣ 社長の知識・経験とノウハウを引き出すことの重要性

　後継者が，社長の経営者としての知識・経験と経営上のノウハウを身につけようと考えても，社長から後継者に，レクチャーされることは少ないものです。

　時間がないと言って，後継者との面談を増やさない社長もいますが，本音では，話をすることが億劫な場合もあるものです。

　特に，創業社長は誰にも教わらずに経営をしてきたので，教え方がわからない方が多いものです。

　「俺の背中を見て覚えろ」というスタイルは，変化が激しい時代に対応できないと考えられますが，まだ，このような社長を見かけるものです。

　また，後継者は社長を乗り越えたいと考えている人がいるため，その場合には，敢えて，社長に相談しないというケースもあります。

　第三者からみると，このような社長，後継者の双方の立場や気持ちは，理解できることはあるものの，<u>社長が長年の業務で獲得された知識・経験とノウハウが後継者に伝えられず，失われていってしまうのは，会社の存続・発展においては，大きな損失</u>だといえます。

　そのようなことにならないためには，社長の知識・経験とノウハウを引

き出す仕組みを作ることが大切です。

❖ 後継者が財務，税務，法務等，会社の経営に必要な知識を習得することの重要性

　会社経営において，社長が，経理，財務，コンプライアンス，営業など全てのことを行えるわけではないので，会社の各部門の業務は，各々の部門の担当者が責任をもって遂行するものであり，社長は全てに精通する必要はありません。

　とはいえ，後継者は，経営者として，会社経営に必要な各分野の最低限の知識を有していなくてはなりません。

　そこで，後継者は修行として，社内で色々なセクションを経験されることになりますが，業務を経験しただけで全てを理解することは難しいものであり，不足する部分は後継者が座学で身につける必要があります。

　ここで，創業者が机に向かって法律の勉強をしたのかという疑問が沸く方もいらっしゃるかもしれませんが，創業者は，座学で知識を身につけた方は多くないと思います。

　なぜなら，一般に創業者は，個人のような会社から，徐々に大きくしていったため，走りながら知識を身につければよかったということです。

　しかし，後継者の場合には，会社は既に大きくなっており，時間的な猶予はないため，修行中に勉強をする必要があるということです。

❖ プレッシャーを抱えている後継者のサポート

　後継者は，事業承継をする前の経歴にもよりますが，多くの場合，経営経験のある人ではありません。つまり，後継者は経営の素人であることが大半ですが，後継者自身が，社長と同じような経営者としてのパフォーマンスの発揮を期待されていると感じてしまい，プレッシャーと不安を感じ

ています。

　社長に就任した後に，先代が会長職などで社内にいる場合には，先代に相談することもできますが，後継者のプライドが邪魔をして，相談せずに一人で悩んでいることも多いものです。

　また，先代がリタイアして社内にいない場合には，後継者は，古参の役員に相談することになりますが，役員たちに舐められてはいけないという気持ちから，心を許して，何でも相談できるわけではありません。

　つまり，後継者は，社内に心を許せる相談相手がいないため，一人でプレッシャーと闘いながら孤独感を味わっている可能性があり，また社内の人間関係の調整に苦労し，ビジネス経験の浅さから，自分一人では解決できずに悶々とすることもあるのです。

　そこで，社外に，ビジネス経験があり，後継者の相談に対応して，サポートする人が存在することは，後継者の育成には重要です。

♣ 社外に勤務している後継者候補へのアドバイス

　後継者候補が社外に勤務している場合，後継者としての育成期間が短くなる場合もありますが，社外に勤務している経験自体が，将来，社長になった時に活かせることがあります。

　ただ，後継者候補は自分で，その重要性に気がつかないことがあるため，誰かが，他社勤務は後継者修行の一環であることをアドバイスすることが重要になります。

▶▶ 税理士の役割 ◀◀

【税理士の役割1】

　社長から知識・経験とノウハウを引き出し，後継者に必要なスキルを情報として伝える

　長年，会社を経営されてきた社長の知識・経験とノウハウは後継者にとって大きな財産であり，それを後継者に伝えることが後継者育成において最も重要ですので，税理士の役割は，社長が後継者にそれらのものを伝えるためのサポートをすることです。

▶▶▶具体的なアクション
　社長から後継者への伝達をサポートする

作業手順

①税理士は社長と面談して，社長が後継者に伝えたい知識・経験・ノウハウや後継者に必要なスキルについてヒアリングを行い，文書化する
②作成した文書を前にして，社長から後継者にご説明いただく
③社長，後継者双方で継続的なディスカッションを行う

①　社長が後継者に伝えたい知識・経験・ノウハウや後継者に必要なスキルの文書化

　税理士は社長が後継者に伝えたいことをヒアリングする必要があるのですが，白紙の状態で社長にお話しいただくことは難しいので，次の表のように，一般的に後継者に必要なスキルとされているリストを社長に提示し，それを見ながら，その会社に必要なものを社長に教えていただいて，リストを作成します。

　そして，そのスキルが必要な理由と社長が経験されたエピソードなどをお聞きし，それらを文書化します。

後継者に必要なスキルの例	
1 リーダーシップ 決断力 実行力 人間力 真摯さ **2 事業発展のための経営計画策定** 経営構想力 事業計画立案力 マーケティング能力 計数把握力 金融知識 業務変革力 先見性 **3 危機管理能力** 危機を想定した準備 法律への基礎的な理解 業務遂行において、法律への抵触を感じること 問題発生後の対応力 支配権・経営権のリスク認識	**4 健全な財務・税務の対応** 財務分析力 事業投資の重要性 投資のリスク認識 基礎的な税務知識 **5 コミュニケーション能力** 人の本質を見極める能力 社外とのコミュニケーション 営業力 **6 人材育成能力** 社員教育 幹部育成 **7 人事制度構築** 人事評価制度 福利厚生等の制度設計

　上の表の内容は，多くの企業にあてはまると思われるものですが，会社によっては，必要な項目やその度合いが異なるので，あくまでも社長のお考えに沿って作成してください。

　なお，社長が，みずから文書化するとおっしゃる場合は別にして，基本的には税理士が社長からヒアリングを行い，文書化を行ってください。

　なぜなら，忙しい社長に，必要なスキルの文書化を依頼しても着手して

いただける可能性は，かなり低いからです。

　また，社長の経験をお聞きすると，お話が止まらないことが多いものです。それを聞くこと自体，税理士としても大変勉強になることではありますが，文書化する作業は大変なので，社長のご了解をいただいてレコーダーで録音することをお勧めします。

　なお，弊社では，<u>ヒアリングした結果を，最終的には小冊子にしてお渡ししています</u>。小冊子になっていると，後継者が何年か経って見直すことも可能であり，喜んでいただいています。

②　後継者への説明

　作成した文書について，社長から後継者にご説明いただき，後継者がこれから身につけるべきスキルの内容を確認し，併せて，社長のご経験やそれから得たノウハウなどをお話しいただきます。

　この確認作業を親子だけで行うのは難しい場合があります。特に後継者からすると，「また，社長の自慢話を聞くのか？」と敬遠しがちですし，社長としては，後継者に尊敬されないと嫌だと考えることがあり，話が進まないことが多いので，税理士が同席して行うことをお勧めします。

　また，社長の経験談というのは，かなり長い話になることが多いものです。

　もちろん，大変価値のあるお話ですので，1回ではなく，複数回にわけて定期的にミーティングを行うのが良いでしょう。

③　社長，後継者双方で継続的なディスカッションを行いスキルの定期的な確認をする

　後継者は自分が身につけるべきスキルを確認した後は，定期的にスキルの習得について，社長と後継者でディスカッションをしていただきます。

　ただ，そのミーティングは，社長が後継者を採点するようなものでなく，日常の業務での出来事や長期的な会社の方針などを話し合う場にしていただくことが良い方法です。

　重要なことは，後継者候補が日々の業務で直面したことについての自分自身の判断と社長の判断の違いなどを理解しながら，後継者が，一歩一歩，一人前の社長になるための階段を上っていただくことです。

　なお，スキルの表は，ディスカッションのベースを確認するためには重要なものですが，社長と後継者のディスカッションが活発化して，社長の頭の中にある知識・経験・ノウハウが伝えられれば，スキルの表という形式にこだわる必要はありません。

　ディスカッションが活発になると，社長の話を聞くことを面倒に思っていた後継者も，社長の話が，自分に役立つことを認識して，積極的にミーティングを希望する可能性があります。

　なお，定期的にミーティングを開催するために，当初は，税理士が同席した方が良いと思いますが，社長と後継者の目線が一致すると，形式的なミーティングではなくなっていくことが多いもので，そのような状態になれば，税理士が関与する必要はありません。あくまでも，そのような場を提供することが大切です。

事例：高齢の経営者が自分のパソコンで自分の経験を書いたケース

　創業者で80歳の会長は，長男を社長に就任させましたが，なかなか後継者育成が進んでいませんでした。

　会長は，戦後の混乱期から苦労をされて会社を大きくされたのですが，ご自身では，誰からも指導を受けた経験がないため，後継者を指導する方法がわからず，「聞きたいことがあれば，聞きに来れば教える」というスタンスでいました。

　後継者としては，それなりのプライドもあり，なんでもかんでも創業者に相談するということはなく，会長のノウハウは伝えられずにいました。

　私は，会長のご年齢も考慮し，後継者育成を早めなければならないと考え，会長に「後継者に伝えたいこと」を文書にまとめていただくことを提案しました。

　当初は，会長にお話しいただいて，私が文書にまとめる予定でしたが，会長は正確に伝えたいので，自分で文書にまとめると言い，自らパソコンを使って，書き上げられました。

　会長の信条や成功された事例と失敗事例，ご苦労されたこと，また，借入を銀行から断られたり，債務保証が増大して，とても個人では返せない金額になったご苦労話など，会長が書面に残さなければ，誰にも伝わらない貴重な内容でした。

　内容もかなりのボリュームになったため，最終的には，それを印刷，製本して小冊子にまとめました。また，小冊子を後継者と次世代の経営陣に，ただ渡すだけでなく，その際に，社長ご自身のことばで内容を説明されました。

　その結果，後継者と次世代の経営陣は，語られていなかった功績や失敗事例と，過去の借入の個人保証の大きさに驚き，それらの土台の上に現在の会社が成り立っていることを知り，創業者である会長に対してあらためて尊敬の気持ちを抱くようになりました。

　最終的に，後継者は会長に教えを乞うことの重要さを認識し，両者のコミュニケーションは増加して，後継者教育が進むようになりました。

 事例のポイント

　現経営者の知識・経験とノウハウは後継者にとっては，間違いなく貴重

なものです。当初は教えることに積極的ではなかった会長が，コンサルタントのアドバイスにより，後継者に伝えたいことを文書化したことで，後継者は貴重な情報を手にすることができたという事例です。

【税理士の役割2】
財務，税務，法務等，会社の経営に必要な知識を習得させる

① 税務，財務の知識，資金繰の方法等について，税理士が直接レクチャーする

　この分野については，税理士は専門家なので，詳しく解説していただきたいと思います。

　ただ，後継者が税務・財務の専門家を目指すわけではありませんので，税体系や税務と会計の違いなどの全体像を説明し，経営者として，知っておくべき知識を厳選して解説してください。

　一般的に，法人税，所得税の仕組みや税率，損金算入と税額控除や，減価償却の意味について，理解されていない方が多いので，その部分についてのレクチャーは有効であると思います。

　内容については，全体像がわかるようなレジュメを作成して体系的に説明をしてください。何かの資料をコピーして渡すだけだと，後継者の頭の中には，何も残らないという残念な結果になってしまいます。

　税理士が後継者向けにセミナーを行うようなつもりで，資料を作成して説明をすることで，後継者の理解は深まりますし，信頼度も増すことになります。

　☞この項目は，後継者への指導料として，あらかじめコンサルティン

グメニューに記載し，報酬の根拠とすることも可能です。

② 法務（会社法，労働法，民法）の基礎知識を教えてくれる人を紹介する

経営においては自社の利益を守ることや社員との友好な関係の維持，または社内外とのトラブル回避など，法律の知識は必須です。

もちろん，顧問弁護士に依頼すれば，さまざまなことに対応をしていただけるのですが，会社の全体像を把握して，トラブルが発生する前に，さまざまな問題を想定して，対策の準備に関するアドバイスが受けられるかというと必ずしもそうではありません。

したがって，まず，社長が業務上のリスクを感じ，その対策を弁護士に依頼できるような感覚を身につけるために，基礎的な法律の知識を持つことが大切です。

これについては，税理士が対応するのではなく，後継者塾のような講座を行っている団体（地域の商工会議所，銀行・証券会社系のコンサルティング会社）や，セミナーを行っている弁護士などの専門家に対応を依頼することになりますが，税理士は日頃から，対応可能な専門家をリサーチしておき，紹介できる状況を整えておくことが重要です。

【税理士の役割３】 後継者の相談相手になり成長をサポートする

プレッシャーを抱えている後継者に対し，税理士の役割は，公平な立場で社長の考えや言葉を補足説明したり，また，一般的なビジネス上のアドバイスを行って，後継者の相談相手になることです。

税理士が実際の業務のサポートをすることはできませんが，後継者が，業務上で悩んでいることについて，ビジネスにおいて，一般的にどう捉えるのかという考え方を，第三者として客観的に意見を述べることはできま

すし，後継者が社内の人間関係などに困っている場合，税理士が聞き役に
なり，一般的な解決方法など，何らかのアドバイスを行うことで，後継者
をサポートすることができます。

このサポートは，税理士のこれまでのビジネス経験を活かしたものにな
りますので，ビジネス経験の浅い後継者にとっては，有効だと考えられま
すし，単に愚痴を聞いてあげるだけでも，お役に立てると思います。

事業承継対策は，社長とのディスカッションが重要視されますが，後継
者の味方になってあげることは大変重要で，税理士自身がその認識を持つ
ことと，後継者に対して自分が味方であることを，きちんと伝えておくこ
とが大切です。

【税理士の役割４】 社外にいる後継者候補に対し働きかけを行う

後継者候補が，社外に勤務していて，数年後には家業を継ぐために入社
するというケースの場合，もし税理士が後継者候補とディスカッションす
ることができるのであれば，入社前に，次のようなアドバイスをすること
について社長にご了解をいただきましょう。

① 後継者候補が社外の勤務先でノウハウを身につけること

現在，後継者候補が働いている場合，一般的に，その勤務先は，自分が
承継する会社よりも大きいことが多いと思います。

大企業は，組織やシステムがしっかりしていることが多いので，そのよ
うな環境で働きながら，仕組みを学び，ノウハウとして自分の会社に取り
入れることは，とてもメリットがあります。

税理士の役割は，後継者候補に『会社を承継した際に今の勤務先での経
験を活かすという視点で，目の前の仕事をすることの重要さ』を説明する
ことです。

　大企業の仕組みをそのまま中小企業に持ち込むことは難しいですが，後々自社用にアレンジできるように，貪欲に吸収していただきましょう。

　もちろん，**コンプライアンス，守秘義務違反に抵触しないことは当然です**ので，この点は，あらかじめご留意ください。

事例：後継者候補が大手銀行での勤務経験を活用した事例

　後継者は，理系学部出身でしたが，中小企業の後継者になるという自分の将来を考え，銀行の本部ではなく，あえて中小企業取引をしている部門を希望して，配属されました。

　そして，主に融資を主体とした中小企業取引を経験し，銀行からみた中小企業の融資判断や，中小企業経営者からみた銀行の姿を学びました。

　さらに，銀行は多くの情報を扱うため，その管理手法やシステム対応，組織の管理体制，またコンプライアンスやガバナンスに関する知識を身につけました。

　その後，後継者として親の会社に入社した時には，その体制の古さに愕然としました。例えば，さまざまな管理資料がいまだに紙やエクセルだったからです。

　そこで，後継者は，すぐに社内システムの刷新に着手しました。

　親である先代は，システム刷新には消極的であり，また，社員も長年やってきた方法が大きく変化することには抵抗を示しましたが，後継者は社内を説得して，プロジェクトを推進した結果，管理体制が整い，事務の効率化が進み，社員の残業が減るなど，目に見えた効果があり，後継者が社員の心をつかむ第一歩になりました。

　後継者が承継した会社は，製造業であり，銀行のシステムとは全く異なりますが，業務プロセスのあり方を，後継者が銀行できちんと学んできたために，良い結果となりました。

　また，その後の経営において銀行借入をする際には，後継者自身が融資担当として身に付けた『銀行からみた中小企業の融資判断』という知識が大いに役立ち，銀行との交渉をスムーズに行うことができました。

②　人脈を築くこと

　中小企業は大企業と比較すると人材が不足していて，事業の新しい取り組みを行う場合，自社単独では行えないことがあり，業務拡大のネックになることがあります。

　その場合，自社ではできない部分を，外部の会社に依頼することになりますが，外部の第三者に何かを依頼する場合には，担当者を知っているかいないか，または，知っている人を紹介してもらえるかどうかという点で，ハードルの高さが全く違うことがあるものです。

　そういうハードルを越えるために，人脈はとても重要であり，後継者候補は他社で，できるだけの人脈を築くことが重要です。

　税理士の役割は，この重要さを，後継者候補に対して，わかりやすく説明することです。

　具体的には，後継者候補は社外で漫然と働くのではなく，『他社で学ばせていただいている後継者候補の立ち位置を忘れず，将来，親の会社を継ぐための修行をしているという自覚を持って，多くの人と接し，人脈を作らなくてはならないこと』を理解してもらうということです。

　この内容は，本来，社長が後継者候補に説明すべきことかもしれませんが，例えば創業社長の場合には，他社勤務の経験がなく，この重要性を伝えることが不十分な場合もあります。したがって，社長をサポートするという意味で，税理士にも対応していただきたい重要な役割です。

　社長の方から，ご依頼がない状況であれば，税理士から，後継者育成の一環として，入社前の後継者候補に面談をする旨，お話しいただくと喜ば

れると思います。

 事例：入社前の後継者候補とディスカッション

　弊社が顧問先の後継者候補と入社前にディスカッションをしていたケースのご説明をします。

　その会社の社長は，昔気質で，あまり説明が上手な方ではなく，また後継者候補は新しい物が大好きなイマドキの若者でした。

　タイプは違いますが，親子の仲は良く，他社で修行した後に後継者として入社することは，きちんと話ができていました。

　とはいえ，事業承継の全体像について，社長から説明するのは大変であるため，社長から弊社に対し，後継者向けの事業承継の勉強会を実施して欲しいとのご依頼がありました。

　勉強会では，一般的な事業承継セミナーのような基礎知識編の説明を行い，また事業承継以外のテーマでもディスカッションを図り，社長抜きでも後継者候補と，お話しができる関係になりました。

　後継者候補は，勉強会で知識の吸収も貪欲で，ご自身で事業承継に関する書籍を読まれるなど努力をされましたし，さらに，自分が社長になった時のことをイメージされ，自分自身が考えなければならないことの多さに気がつかれました。

　そして，次第に，現勤務先でのノウハウ取得や人脈を築くことの大切さを認識され，その点についても，積極的に行動しました。

　その結果，後継者として入社された後には，すぐにコンプライアンスなど，管理体制の見直しに着手されるなど，他社での経験を活かした対応をされましたし，いまの時代に合った人事制度の改革については，他社で関係を築いた人脈を活かし，人事コンサルの会社に依頼して実施しました。これは，後継者候補向けの勉強会の効果があったということです。

　そして，弊社は，その後も，後継者の参謀のような役割で，ディスカッションを継続しています。

 事例のポイント

　この弊社の事例を税理士の場合に置き換えて考えます。

　税理士が，コンサルタントとして，入社前の後継者候補の育成に尽力した場合，社長と後継者の参謀のように信頼を得ることができ，これまでの税理士業務における顧問先との信頼関係に加えて，さらに深い関係を築くことができるということです。

3．経営体制の構築

コンサルティングのポイント

☞ 役員の業務も承継する必要があり，後継者をサポートする役員を育てなくてはならない
☞ 後任役員に，早期に業務の引継を行うことが経営の安定感を生む
☞ 社長世代の親族役員は，社長の事業承継とともに，経営の一線から退いていただくことも必要

▶▶コンサルティングに必要な知識◀◀

♣ 後継者世代の役員を育てる必要性

　現在の役員は，現社長を長年支えてきた社長のブレーンです。したがって，役員は，社長のリタイアとともに退職する時期が近づいているといえ

ます。

　通常，役員の年齢は，後継者より年上であるため，後継者が社長に就任した時には，いわゆる番頭さんとして，後継者をサポートすることは有効だと思いますが，後継者を将来にわたってサポートすることはありませんので，これから後継者を支える役員を選んで育てる必要があります。

ａ．役員候補を早期に選定する

　後継者とともに，長期にわたって経営を担っていく役員を決める必要があるので，早期の選定作業が重要です。

　担当者として優秀でも，役員として活躍できないことはよくあるものですから，執行役員制度などを用いて，候補者を早期に要職に就かせて，経営サイドで能力を発揮できるかどうかの見極めを行わなくてはなりません。

ｂ．社長の意向だけでなく，後継者の意向も考慮して選定する

　次世代役員候補の選定は，通常，社長が主体となり経営陣の意見を聞いて実施することになります。

　そもそも，社長は，人材を見る目は後継者よりも自分の方が上であると考えるため，後継者に相談をしないで次世代役員候補を決めることがありますが，やはり，後継者がこれから長い期間にわたり，一緒に働く人であるため，選定にあたっては，後継者の意向も重要です。

　社長，後継者の双方の意向をすり合わせて，検討していくことが好ましいといえます。

♣ 後任役員への業務の引継

　中小企業の場合，必ずしも人材が豊富ではないので，役員は「その人にしかできない業務」を持っていて，それを理由に，自分の後任を育ててい

ないことがあります。

　優秀な人ほど，「自分がやるのが一番」とか「まだまだ，この仕事は，人には任せらない」と考えて，仕事を引き継がないケースが多いものです。

　社長から後任を育てるという指示がなければ，この問題に自ら着手しない役員もいますし，また，社長もベテラン役員に気を遣って，指示をしないということもあります。

　そのような状況のまま，この問題に着手せず，役員が退職することや，最悪の場合，突然亡くなるようなことがあると，会社の運営にはマイナス影響が出ることは明らかです。

　業務の安定のためには，後任者を育てて，早期に業務を引き継ぐことが重要です。

♣ 親族役員のポジションチェンジ

　親族ではない役員は，社内規程に基づいて勇退されるのが一般的ですが，親族役員は，簡単に退職時期を決められません。

　お元気であれば，そのままのポジションで仕事をされる方も多いものです。

　しかし，後継者世代にとっては，親世代の親族役員の業務への口出しは，「古臭い」「鬱陶しい」と感じることがあるものです。

　誰しも，年齢とともに時代の変化に対応できないことや，健康上の理由で判断力が鈍ることもあり，経営能力は落ちていくものです。

　もちろん，後継者が役員の過去の経験をお聞きして業務に活用することは重要なのですが，役員が古い考え方を業務執行に適用しようとされると，混乱が生じることがあります。

　したがって，適度な年齢で相談役等の役職で，経営の第一線からは一歩引いたポジションで，適度に助言していただくことが経営上，有効です。

▶▶税理士の役割◀◀

【税理士の役割1】

次世代役員の早期選定と育成の必要性を社長に提案する

　役員を育てるということについては，創業社長と2代目社長では，考えが異なることがあります。創業社長は，事業を引き継いだ経験がないため，役員の引継も経験がなく，この点の重要さに気がついていないこともありますし，気がついていても着手が遅れることがあります。

　税理士の役割は，今後，後継者をサポートしながら会社経営を担う役員を早期に育てなければならないことの重要性を社長に説明することです。

　なお，税理士は，後任役員の選定作業そのものには関わる必要はなく，役員の早期選定の重要性を社長に説明し，その後も進捗状況をフォローすることが大切です。

【税理士の役割2】

社長世代の親族役員への引退勧奨と退職金支給額の交渉

a．社長が社長世代の親族役員に対して，リタイア時期を示唆することの
　必要性を説明する

【社長世代の親族役員】

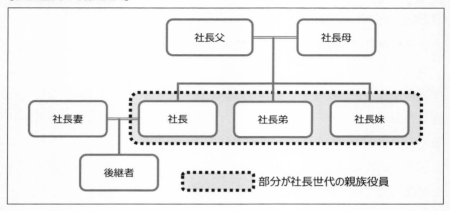

図のような社長の兄弟姉妹など，社長世代の親族役員（以下，親族役員）たちは，後継者を『ひよっこ』だと思いがちで，社長がリタイアしても，引き続き，親族役員が，そのポジションに君臨する場合があります。

後継者は，親族役員からの指導を歓迎しないことがあるものですが，親族役員は，高齢であっても，後継者からみれば，親戚の叔父さん叔母さんなので，「そろそろ引退してください」とはなかなか言いにくいものです。

したがって，税理士の役割は，社長がリタイアする際には，親族役員にもリタイア時期を決めていただくように，社長から指示や話し合いを持っていただくように説明することです。

社長と親族役員の関係が良くない場合には，社長もこの話し合いを億劫に感じ，何もせずにリタイアすることもありますが，事業承継においては，後継者がスムーズに経営できる環境を整えることが重要ですので，税理士は，その重要性をじっくりと説明し，社長と親族役員の話し合いを実現するサポートをして，その後もフォローしていただくことが大切です。

b．税理士から親族役員へのポジションチェンジの打診

　社長がリタイアする時までに，親族役員に対して，リタイア時期の決定を促しても，それを親族役員が納得して，自分たちのリタイア時期を決めるのは簡単ではありません。

　また，社長がリタイアした後に，後継者が親族役員にリタイア時期を確認することは難しく，まして，後継者が親族役員に対して，リタイアして欲しいと要望すると，交渉は決裂してしまうことがあります。

　そこで税理士は，自分が後継者に代わり，親族役員に対して，今後，段階的にポジションを降りて，リタイアしていただくことの説明を行う役割を買って出ましょう。

　親族役員に対し，『会社から追い出すのではなく，後進を育てるためのステップであること』をご理解いただけるように，役員の世代交代の重要さを合理的に説明し，ご納得いただくことが大切です。親族役員は，長年会社に貢献されてきた方なので，尊敬の念をもってお話しください。説明は，焦らず，じっくりと時間をかけることが重要です。

　なぜなら，自分がポジションを降りて欲しいと言われて，うれしく感じる人は，誰もいないからです。次に，説明の例を記載しましたが，くれぐれも慎重に，ご対応ください。

親族役員への説明の例

「○○さん（親族役員）は，長年，会社に貢献されてこられ，後継者にとっても，重要な存在だと思います。

　ただ，社長が後継者にバトンタッチしたことは，今後の会社の発展において，後継者に会社を任せたということであり，それは他の役員にも同じことが求められているということです。

　このタイミングで後進に道を譲って，相談役になっていただき，後継者

から助言を求められた時には，長年のご経験からアドバイスをいただける
ように，見守っていただけないでしょうか。」

c．退職金の交渉

　社長世代の親族役員が相談役になる際には，役員報酬も下がるのが通常
ですので，今後の退職金や自社株の買取についても併せて話し合うことが
大切です。

　通常，会社には役員退職金規程がありますので，退職金はその規程に
沿って支給されるものですが，退職金規程に支給上限が定められていない
場合，長期に勤務された役員の退職金は，かなり高額になってしまうこと
が多いものです。

　会社としては，できれば退職金を適度な額で抑えたいと考えますが，親
族役員がどれくらいの金額で納得されるのかはわからず，また，後継者が
直接聞くことも大変なので，検討はなかなか進みません。

　ただ，相談役になっていただく交渉をするためには，ある程度，退職金
の額を示さなければ納得感が得られないと考えてください。

　そこで，税理士の役割は，後継者が，親族役員への説明や交渉が難しい
場合に，両者の調整役となって，話し合いを進めることです。

　当事者同士では，喧嘩になってしまい，話がまとまらないかもしれませ
んが，第三者である税理士が個別に話し合いをすると，前進することがあ
るものです。

　退職金の金額は，会社からみた役員への評価と受け取られることが多い
ので，**功労者に対する敬意を忘れず，慎重にお話しすることが大切です。**

　もし，不躾な態度で交渉をすると，親族役員の逆鱗に触れてしまい，交
渉どころではなくなりますので，注意が必要です。

事例：75歳で役員から相談役にさせられて激怒した親族役員

　創業社長85歳と，その弟で，75歳の専務がいました。

　創業社長は，後継者が決まらずに，85歳まで，現役の社長だったのですが，苦労して検討した結果，後継者が決まり，バトンタッチをすることになりました。

　後継者もこれから一人前の社長になる時期ですので，一般的には会長と社長の二人三脚でフォローをすることが多いものですが，社長は，その頃，体調を崩しており，バトンタッチと同時に完全にリタイアすることにしました。

　そこで社長として心配になったのは，自分がリタイアした後，75歳で社長の弟である専務と若い後継者が協力して経営することができるのだろうかということです。

　専務は，社長よりも10歳年下だったので，自分が会長になって社長を指導するつもりでいたようでしたが，社長としては，それでは後継者がやりにくいだろうと感じ，また，専務がいつ引退するのかもわからないため，言葉は悪いですが，『老害』になってしまわないかということが大きな懸念事項でした。

　そこで，社長は，専務に「自分の引退と同時に一緒に辞めよう」と話をしました。

　しかし，専務は激怒して，「自分が辞めるからといって，道ずれにしないで欲しい」と，断固，リタイアを拒否しました。

　その後は，当事者間で話をすることが不可能になってしまったため，社長からのご依頼で，私と専務が個別にお話し合いをすることになりました。

　専務が感情的になるのは，止むを得ないことですが，会社の発展のために，専務に相談役の職に就いていただくことをご依頼しました。

　後継者の成長のためには，社長世代の役員の存在は，必ずしもプラスで

84

はなく，経営陣の刷新は今後の会社の発展においては重要であり，そのためには，退職ではなく，専務の職からから退いて，相談役として会社を応援して欲しいということを説明し，ついては現状では不確定な退職金についても，現時点で考えられる金額をお話ししました。

　相談役にポジションチェンジすることは，専務にとって楽しいことではありませんが，退職金の金額についてのおおまかな説明に，少し好感されたこともあり，渋々ですがご了承いただきました。

 事例のポイント

　親族役員は，自分が会社を大きくしてきたと考え，いつまでも自分は会社にとって必要だと考えるものです。

　しかし，一生働けるわけではなく，区切りの良い時に後継者に託すことは大切なのですが，その時期を自分では決められませんし，また次世代から切り捨てられるのはプライドが許さないものなので，第三者である税理士が調整することで解決に至ることがあるのです。

　ポジションを降りていただくのは簡単ではありませんが，その際に退職金支給額を説明することは有効な方法です。

4．株主構成の検討

コンサルティングのポイント

☞ 経営において，社長は3分の2の議決権を確保することが望ましい

☞ 現社長が3分の2の議決権を確保していない場合には，株式を集約するか，安定株主を導入する方法を検討する

☞ 少数株主対策を怠らない

☞ 株主構成の見直しは，事業承継前に行う

☞ 相続人に対する株式の売渡請求制度の導入を検討する

▶▶コンサルティングに必要な知識◀◀

♣ 経営に必要な持株シェア

　安定した経営を行うために，社長は株主総会の一定以上の議決権を確保することが必要です。

　株主の議決権割合によって，成立させられる株主総会の決議の種類が異なります。

▶普通決議は，株主の過半数が出席し，出席した株主の2分の1の賛成をもって可決となる決議

▶特別決議は，株主の過半数が出席し，出席した株主の3分の2の賛成をもって可決となる決議

　次の図は，株主総会の普通決議事項と特別決議事項の内容を整理したものです。

普通決議事項の例	特別決議事項の例
①自己株式の取得	①定款変更
②役員および会計監査人の選任・解任	②組織変更，合併，会社分割，株式交換
③計算書類の承認	③事業譲渡・解散
④資本金額の増加	④資本金額の減少
	⑤相続人に対する売渡請求

　これをご覧いただくと，普通決議では，あまり重要なことが決められないことがおわかりいただけると思います。

　これから何十年も経営していく後継者が，経営環境や世の中の情勢の変化に対応して，会社の方針を変更することは十分に考えられます。

　その時に，大株主である後継者が単独で方針の変更を決議できると，経営はスムーズですが，経営に関与しない親族の株主に反対されるようなことがあると，経営上大きなマイナスです。

　後継者が株主総会の特別決議を可決することができる３分の２の議決権を単独で所有することがベストですが，業歴の長い企業などで，自社株が親族などに分散しているケースもあり，３分の２の議決権の確保が簡単ではないこともあります。

　その場合には，後継者に友好的な株主も含めて，３分の２の議決権を確保するように検討するか，最低でも，株主総会の普通決議を可決できる，２分の１の議決権を確保することを，目指す必要があります。

♣ 安定株主対策の検討

　後継者は３分の２の議決権を確保することで，株主総会の決議を可決することが容易になり，スムーズな経営を実現することができますが，ただ，その一方で，３分の２の議決権を確保するために，後継者が社長から多くの自社株を承継したり，他の株主から買取をすることは，自社株の評価額が高い場合には，次世代，次々世代の後継者にとって，大きな資金負担が必要です。

　したがって，後継者は支配権を確保し，かつ，資金負担を抑える方法を検討することが必要であり，それを実現する方法は，安定株主を導入することです。安定株主とは株式を長期安定保有し，株主総会において，経営

者と同じ方向の意思決定をしてくれる株主です。

　未上場企業の安定株主として，代表的なものは，中小企業投資育成株式会社と従業員持株会の2つです。

　かつては，顧問税理士や顧問弁護士が顧問先企業の株主になっているケースを見かけることがありましたが，個人株主の場合には相続が発生し，その相続人が税理士や弁護士とは限りませんし，また，会社にとって味方であり続けるという保証はありませんので，これから安定株主を検討される場合には，それらの個人株主は対象外と考えた方が良いと思います。

①　中小企業投資育成株式会社

　中小企業投資育成株式会社は，中小企業投資育成株式会社法（昭和38年6月10日法律101号）に基づいて設立された国の政策実施機関です。

　未上場企業の自己資本の充実とともに，経営の安定化，企業成長を支援する会社です。

　中小企業投資育成株式会社（以下，投資育成）は，基本的に社長の経営方針に賛成の立場ですが，株主の権利は有していますので，全く経営方針に口を出さない，いわゆる「物言わぬ株主」ではありません。

　例えば，社長が放漫経営をしている時も，社長の味方でいるということはないと考えてください。

▶▶▶投資育成活用のメリット・デメリット
▶メリット
＜自社株の長期保有＞

　投資育成は，民間のファンドのように，自社株を取得して会社の価値をあげた後に，売却してキャピタルゲインを得るようなことはせず，出資先の自社株を長期保有し，企業を育てることを目的としています。

　30年以上も安定株主として存在し，企業をサポートしているケースもあるようです。

▶デメリット

＜配当負担＞

　投資育成が，株式を売却した後，短期間で売却して利益を得ることはないとご説明しましたが，安定株主として自社株を保有していただいている間，出資額の，7～10％程度の配当をする必要があります。

　会社の経営は，業績の好不調がありますので，配当することに問題がない時期が続くとは限りません。

　完全な同族会社であれば，親族だけで配当の方針を決定できますが，投資育成を安定株主として迎えた場合には，そのような自由度がなくなる点には注意が必要です。

▶場合によっては，メリット・デメリット

＜出資価額が低い＞

　投資育成が出資する際の価額は，法令に定められており，一般的には相続税評価額より，大幅に低い価額になります。

　したがって，出資を受けた会社の株価は下がることになりますので，それを株価対策として有効にとらえる考え方もあります。

　ただ，「第三者に対して安い値段で自社株を売らなければならないのは損だ」と考える社長もいらっしゃいます。

　前者の考え方は，事業承継対策上は，合理的ですが，会社を発展させてきた社長の考えは，後者の場合も少なくありませんので，この点がメリット・デメリットのどちらになるのかということは，社長のお考え次第ということです。

事例：投資育成の出資で株価（純資産価額）が下がるケース

【現状】①	
純資産額	300百万円
発行済株式総数	60,000株
1株当たり単価	5,000円　A

【投資育成の出資】②	
出資総額	10百万円
出資株数	20,000株
1株当たり単価	500円

【出資後】③（①＋②）	
純資産額	310百万円
発行済株式総数	80,000株
1株当たり単価	3,875円　B

株価引き下げ（A－B）	1,125円

＜説明＞

①現状，1株当たり単価5,000円，発行済株式総数60,000株で純資産額300百万円の会社

②投資育成が1株500円で出資し，20,000株を取得します

③投資育成の出資の結果（①＋②），純資産額は310百万円，発行株式総数は80,000株に増加し，1株当たり単価は3,875円になります。

☞最終的に株価は，投資育成の出資前と比較して，5,000円－3,875円＝1,125円下落しました。

＜M&Aの際に，譲渡代金の一部を投資育成が受け取る＞

　投資育成が出資をして安定株主になり，後継者が会社を経営する体制を整えたとします。

　しかし，状況の変化により，M&A（会社売却）をすることになったとしたらどうなるでしょうか。その場合には，当然，譲渡代金の一部を投資育成が受け取ることになります。

　もしも，投資育成の出資前に，M&Aを行っていた場合には，全株式の
譲渡代金を社長が受け取れていたことになり，この点だけを見ると，社長
としては，デメリットと感じることになるでしょう。

　以上，投資育成による出資のメリット・デメリットについて，ご説明し
ました。
　M&Aをするかどうかなど，現時点では正確にはわからないとしても，
投資育成に出資を受ける場合には，メリット・デメリットを理解した上で，
将来の可能性を考えながら選択することが大切です。

▶▶▶投資育成の適正な議決権割合をどう考えるか
　投資育成は，投資先の議決権割合の2分の1まで出資できますが，社長
と投資育成との意見対立が発生した場合のリスクを考慮すると，投資育成
の出資は，株主総会の拒否権を行使できる3分の1未満に抑えることが安
全だと考えられます。
　もちろん，きちんとした経営を行っていれば，問題はないのですが，長
い経営の中では，何が起こるのかわかりませんので，保守的に考えましょ
うということです。

②　従業員持株会
　従業員持株会はもともと，従業員のモチベーションアップのために導入
することが多く，「会社が儲かったら株式の持分に応じて利益を配当する
ので，みんなでがんばりましょう！」というのが基本的なスタンスです。
　一般に，新入社員（※）は持株会に参加して自社株を取得し，退職時に
自社株を譲渡します。
　社員は，毎年一定数が入社し，退職するので，一定の持株シェアを従業

員持株会が所有することになります。

（※）入社後一定期間経過後の社員のみ持株会に参加できるという持株会規約を
　　定める場合もあります。

　社員は，配当をもらえる期待をしますが，株式を持ったことにより，議
決権を行使して何かを会社に要求することはあまり考えられません。

　持株会の規程にもよりますが，一般的には，従業員の議決権行使は，従
業員持株会の代表が行使する方法にすると定めることが多いため，従業員
持株会が会社の経営方針に異を唱えるというリスクは低いと考えて良いで
しょう。

　したがって，従業員持株会は，会社にとっての安定株主であるといえま
す。

　なお，リスクが低いといってもゼロではありません。そこで，従業員が
会社に反対の権利行使をする状態を想定して，従業員持株会の株式を無議
決権株式とする方法もあります。この方法であれば，議決権行使の問題は
ありません。

▶▶▶持株会のメリット・デメリット
▶メリット
　＜自社株の長期保有＞
　従業員は，基本的には自社の経営方針に賛同している株主ですので，長
期的に自社株を保有する安定株主になります。
　＜従業員の経営参画意識の醸成＞
　従業員が会社の業績に関心を持つようになり，経営への参画意識が向上
します。
　＜福利厚生の実現＞

　会社が株主である従業員に配当をすることにより，従業員の福利厚生に寄与し，従業員の働くモチベーションの向上につながります。

▶デメリット
　＜配当負担＞
　会社の業績が悪化した時に，無配当にした場合には，従業員のモチベーションが悪化することになります。

　したがって，会社の業績の好不調にかかわらず，配当を出し続けることを目指す場合が多く，配当負担があるということです。
　＜事務手続負担＞
　持株会の設立，入会や退会の事務負担が生じます。

▶▶▶デメリットの可能性のあるもの
　＜買取価額が高くなることがある＞
　持株会の出資価額と買取価額を持株会の規約として設定している場合，持株会が存続している限り，その価額での取引となるので，問題はありません。

　しかし，最近は従業員が持株会を好まない風潮もあるため，退職者が手放した自社株を，他の社員が買い取らず，社長や経営者親族（同族株主）が買い取るような状況も発生しています。

　社長などの同族株主が買い取る際の価額は原則的評価となるため，買取価額が高くなってしまうことがあります。

　したがって，従業員持株会の導入は，今後の社員の動向をみながら，検討する必要があります。
　＜M&Aの際に，譲渡代金の一部を社員が受け取ることになる＞
　これは，投資育成の説明に記載した内容と同一です。

♣ 少数株主対策の重要性

　業歴の長い会社の場合には，親族に自社株が分散しているケースがあります。そのような状況に至った理由はさまざまだと思いますが，相続発生ごとに子供達に均等に相続されて株主が増えたケースも多いと考えられます。

　株式は分散しているので，ひとりひとりの株主が，株主総会の決議の拒否権を行使できるようなケースは少ないかもしれませんが，だからといって少数株主について，気にしなくて良いというものではありません。

　会社法では，少数株主にも一定の権利を与えています。

　次の図は，少数株主の権利をまとめたものです。

　中小企業の場合，この図に示された権利のうち，会計帳簿閲覧請求権が重要です。

持株シェア	株主の権利
1％以上	株主提案権
3％以上	株主総会招集請求権
	会計帳簿閲覧請求権
10％以上	解散請求権

　例えば，株主に相続が発生した際，相続人が経営に関与しない人だった場合には，会社は支配権確保の観点では，相続人から自社株の買取を検討することになります。

　会社は，自社株の評価額を算定して買い取りますが，仮に相続人が，こ

の価額に納得しない場合に，持株シェアが3％以上の場合であれば，会計帳簿閲覧請求権を行使して，会社の財務諸表の提出を要求し，別途，他の税理士に依頼して株価を算定し，買取価額の交渉をしてくることも可能だということです。

仮に，そのような事態に至らなくても，株主からの要請があれば，決算書を見せなくてはならないというのは，社長にとっては面倒なことです。

このように，少数株主にも一定の権利があり，時には会社のスムーズな経営を阻害することがあることをご理解ください。

❖ 自社株の集約は，事業承継前に行うべき

親族に自社株が分散していて，これを集約しようとする場合には，親族との買取交渉が必要になりますが，これは事業承継前に，社長が行うことが望ましいといえます。なぜなら，後継者よりも社長が交渉する方が簡単だからです。

例えば，社長が兄弟姉妹と交渉することと，後継者が叔父，叔母と交渉することを比較した場合，社長が行った方が，ハードルが低いことは，ご理解いただけると思います。

したがって，自社株の集約は事業承継対策において，必ず社長がやるべき仕事です。

❖ 株式の集約のために，相続人への売渡請求制度を検討する

① 売渡請求制度で集約するための準備をする

自社株を所有している親族に，買取交渉を行っても，譲渡してくれない場合もあります。そうなると基本的には，買取交渉は，手詰まりです。

（強制的に買い取るスクイーズアウトという手法はありますが，中小企業の場合には，あまり現実的ではありません。）

　しかし，支配権の確保ができていない状況で，手詰まりとあきらめてしまっていては，経営上，好ましくないので，その場合には，相続人への売渡請求制度の導入（以下，売渡請求制度）を検討します。

　ひとことで言えば，株主から自社株の買取交渉ができなかった場合には，亡くなってから買い取れるようにしておくということです。

　この制度の適用を受けるためには，あらかじめ売渡請求できる旨，定款に定めること，譲渡制限株式にしておくことなどの要件があり，これを準備しておくためには，株主総会の手続が必要になりますので，<u>親族関係が悪くならないうちに</u>行う必要があります。

②　「売渡請求制度」による自社株集約後の持株シェアの検討

　売渡請求制度の適用を受けて，相続人から自社株を買い取ったとします。

　それは，自社株が分散した状態からの改善が図れたということです。

　しかし，ここで注意していただきたいのは，自社株を買い取るのは会社であり，社長や後継者ではないため，<u>買い取った自社株のシェアが，そのまま社長や後継者の持株シェアの増加にはつながらない</u>ということです。

事例：売渡請求制度で自社株を買い取った場合の持株シェアの変化

　次の図と説明をご覧ください。

● A社の持株シェアは，社長が50％，社長弟が30％，社長妹が20％の状況

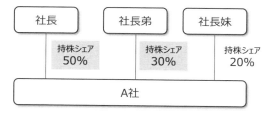

●社長の妹が亡くなり，社長の妹の夫が自社株を相続し，会社は売渡請求制度によって自社株を買い取る

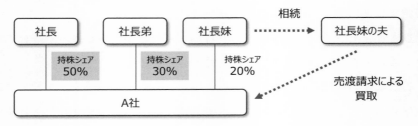

●買取後のシェア

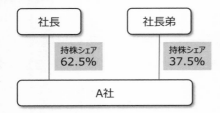

　会社が相続人から自社株を買い取ることにより，社長の持株シェアはアップしますが，社長の弟の持株シェアもアップしてしまいます。

　仮に，社長と社長の弟が対立している場合でも，社長妹の相続発生前は，社長と社長妹の持株シェア合計が70％となり，2者が協力すれば株主総会の特別決議を可決できましたが，売渡請求により社長妹の相続人から自社株を買い取った後は，社長の持株シェアが62.5％にアップするものの，単独で株主総会の特別決議を可決することはできず，それは，弟が株主総会の拒否権を持つことを意味します。

　つまり，売渡請求の実行だけでは，社長の支配権を確保できないため，事前に支配権確保のシミュレーションを行うことが大切で，例えば，この状態にならないように，社長は社長の妹から自社株を買い取ることで，事

前に問題の発生を防ぐことができたかもしれなかったという事例です。

　この例は，わかりやすくするために，株主の人数が少なくしてありますが，複数のファミリーが存在している場合には，派閥を形成して，社長の支配権を脅かすこともあるので，注意が必要です。

　親族の対立がある場合には，買取実施後のシェアを予想していなければ，好ましい結果にはならない場合もありますので，事前に検討しておくことが必要です。

♣ 第三者株主への対応

　会社を設立した際に，社外の第三者が株主になっているケースがありますが，将来的に問題が発生する懸念があるため，状況の検証が必要です。

　第三者株主との関係が現在も良好であるかどうか，また個人株主の場合には，相続人は誰になるのかなど，状況を確認します。

　状況にもよりますが，一般的には今後の経営のスムーズさを考えれば，第三者株主から自社株を買い取っておく方が良いと思います。

　特に，現在は第三者株主とビジネス関係が継続していない場合には，自社株を買い取るべきでしょう。

　社長の時代に構築した人間関係が，後継者の時代にも継続するとは限りませんし，関係が続いたとしても株主で存在してもらう必要はないのです。

　そして，買取交渉は社長が事業承継前に行っておくことが重要です。

　もともと，出資をお願いしたような経緯がわかっている社長と，面識のない後継者が交渉するのとでは，後継者が交渉する方が圧倒的にハードルは高いことはお分かりいただけると思います。

▶▶税理士の役割◀◀

【税理士の役割1】

支配権確保の重要性を社長に理解していただく

親族関係が良好な状況で経営をしてきた社長は株主総会での議決権の多数で物事が決まるとは考えていない傾向があります。

これまで，そういう状態で経営できていたことはよかったのですが，将来にわたって，「親族仲良くやっていこう」という考えでうまくいくとは限りません。

性善説の立場に立って，何も対策をしないことは，厳しい言い方をするとリスク管理が弱いということになります。

実は，この重要性を社長に理解させることが，意外に難しいので，税理士が頑張らなくてはなりません。

税理士の役割は，後継者が支配権を確保することの重要性を，社長に説得することです。

社長には次のようにご説明ください。

 社長への説明の例

「親族といっても，次世代，次々世代になれば，滅多に会うことがなくなるなど関係は希薄になり，また，経営に関与しない人も増えるので，会社からみれば，好ましくない株主になることも考えられます。

したがって，今は株主との関係が良好で，持株シェアのことを意識せずに経営ができている場合も，将来はうまくいかないリスクがあるのです。

その時のことを想定して，親族から自社株を買い取るなど，後継者の支配権確保を検討しましょう。」

社長から「ウチは仲がいいから大丈夫」というコメントをいただくこと

がありますが，これは仲良くあって欲しいという願望が含まれていることや，親族ともめたくないので「仲が良い」と言って，問題を先送りすることが多いものです。

　親族は必ずしも味方ではないことを，社長にご理解いただくのは，簡単ではない場合がありますが，これをしっかりと説明することが**株主構成の検討の重要な第一歩**となります。

【税理士の役割２】

後継者が支配権を確保し，スムーズに経営できる株主構成を検討

　株主総会の議決権３分の２を確保するというセオリーはあっても，個々の会社の状況は異なりますので，具体的にどうするかということを社長とディスカッションして進めていきます。

▶▶▶具体的なアクション：目指すべき株主構成のプランニング

ａ．買取の優先順位

　支配権確保のために自社株の買取を行う場合，社長・後継者と株主の関係を考えて，買取りの優先度を検討します。

　現在，親族関係が良好とは言えず，買取交渉が難しいことが予想される株主から優先的に買い取ることは当然ですが，現在，良好な関係にあっても，何かのきっかけで，関係が悪化する可能性もありますので，買取の優先順位を決めた後は，計画的に進める必要があります。

ｂ．安定株主対策の検討

▶投資育成の紹介（機能の紹介と面談のサポート）

　一般に，中小企業の社長にとって，投資育成は，あまり馴染みがないと

思いますし，親族だけで，代々，会社経営を行ってきた社長にとっては，安定株主対策のメリットは理解したとしても，<u>外部の株主を受け入れることに関しては，抵抗を示される場合があります。</u>

　そのような状況で，社長が単独で投資育成と面談するのは大変です。

　そこで，税理士の役割は，投資育成の機能やメリット・デメリットを説明して，安定株主対策の選択肢として，社長にご理解いただくことと，社長が安定株主対策として，投資育成を検討される場合には，先方との面談を手配し，面談に同席することです。

　投資育成は，東京，大阪，名古屋にあります。

　税理士は，事業承継対策のプランニングの際に，投資育成の活用をスムーズに行えるように，事前に，仕組みを理解され，また，窓口となる人とコンタクトをしておくと良いと思います。

　　＜ご参考：各地域の投資育成のウェブサイトURL＞

東京　　　　　　　　大阪　　　　　　　　名古屋

▶従業員持株会の活用説明と組成のサポート

　税理士の役割は，まず，従業員持株会の制度の概要とメリット・デメリットを説明することです。

　そして，社長が従業員持株会を設立するという方針を立てられた場合には，税理士は，司法書士，弁護士などの専門家に依頼して対応することになります。

　その際，顧問先の会社が契約している司法書士，顧問弁護士が対応でき

る場合には協力して行えばよいのですが，それらの専門家がこの業務に長けていないケースもありますので，税理士は，この業務に強い専門家をご紹介できるように，準備しておくとスムーズに手続が進みます。

　また，他のケースと同様ですが，弁護士，司法書士とのミーティングには，税理士も同席して，社長のお考えが正確に伝わるように心掛けましょう。

【税理士の役割３】自社株の買取交渉サポート

ａ．親族間の調整役になる

　社長が株主に対して買取の交渉をして，スムーズに話がまとまれば問題がありません。

　まずは，親族の関係が良好なうちに，買取交渉を行うことは重要です。

　しかし，買取交渉のタイミングを逸したり，また，そもそも，親族間の関係が良好でない場合には，買取価額の交渉で揉めることがあり，そうなると，当事者間の話し合いは難しいことが多くなります。

　なぜなら，売る方はできるだけ高く売りたいと考え，会社は，適正価額で買い取りたいと考えるからです。

　税理士の役割は，当事者間の交渉が難しい場合には，買取価額の妥当性の説明をして，双方の調整を行うことです。

　実際に，弊社には「親族間で，価格の交渉をしたくないので，当事者の間に入って欲しい」と依頼されることが多いので，税理士がこの役割を担うことは重要です。

ｂ．株主の心情を理解した交渉

　株主の中には，先祖や親が発展させた会社の自社株を手放したくないという方もいます。

　税理士の役割は，買取交渉の際には，『先祖や親への想い』が強い株主も存在することを社長に説明して，代替案の提示が必要な場合があることを社長にご理解いただくことです。そして，社長が株主への説明や交渉が難しいと考える場合には，税理士が株主に説明することを買って出ましょう。

　例えば，『先祖や親への想い』で自社株を所有していたいという方には，自社株をゼロにするのではなく，所有株式の一部は残し，大半の株式を買い取らせていただくという交渉方法もあります。

　合理的に考えれば，自社株を手放したくない理由が『先祖や親への想い』だけであれば，株数は関係がないという考え方もあるので，その想いを失わないように，株式の一部を残して，買い取らせていただくことを交渉することは重要なことです。

　また，『先祖や親への想い』があるといっても，<u>次の世代に渡すための相続税・贈与税の資金負担が発生することを</u>，金額を示しながらご説明することも有効です。特に，この部分は，税理士の専門領域ですので，わかりやすく説明されれば効果が大きいと思います。

事例：親族株主からの買取が難航したケース
～株主は，株式に親への想いをのせていることがある～

　創業社長の長女は，会社の経営には関与していませんでしたが，創業社長である父の遺言に「自分の生きて来た証として，自社株を受けとって欲しい」と書かれていたため，自社株を相続で取得しました。

　その際，相続税の納税の必要はありましたが，父親が納税分の金融資産も準備してくれていたので，相続財産から相続税を納税することができ，長女としては何の問題もなく，父から引き継いだ自社株を大切に所有することになりました。

　後継者は創業社長の長男で，３分の２以上の自社株を取得していたので，経営上は全く問題が起きず，親族の経営はうまくいっていました。

　その後，後継者である長男が，次の世代に事業承継を検討する時期を迎え，自身の子供に会社を継がせることにしました。

　そこで，今後の株主構成のことを考えたところ，長女の子供は息子１人で，会社経営には関係がないため，今後，自社株が長女から息子に相続され，さらに，その息子に相続が発生すると，息子の配偶者や子供など，会社とは縁遠い社外の第三者に自社株が相続される不安を感じました。

　そこで，長男は事業承継に際し，長女から自社株を買い取ることを決め，長女に打診をしました。

　長男としては，長女が経営に関与していないので，自社株の買取は問題がないであろうと考えていましたが，長女としては『父から託された自社株』という想いが強く，自社株を手放すということには抵抗を示しました。

　そこで，長男は，税理士に，長女が自社株を息子に渡すことのコストについての説明を依頼しました。

　長女が創業者から自社株を相続した際には，相続税の納税資金が不足しないように金融資産も相続したのですが，その後，長男が経営している間に自社株の評価額が上昇したために，長女から息子に自社株を相続させる場合には，多額の相続税の納税資金が必要になることを，税理士が具体的な金額を示して説明しました。

　長女は，その金額に驚き，息子に自社株を相続させることは，相続税の負担をかけるだけであり，『自社株に託された想い』を承継することは，簡単ではないことを理解しました。

　税理士は，長女に１株だけ想い出として，所有し続けることも提案しましたが，長女としては，息子は自分ほど自社株に思い入れがないだろうと判断し，全て手放すことにしました。

自社株への想いとそれを引き継ぐことのコストという現実問題についての説明を，税理士が行ったことは有効であったということです。

また，長男は自社株についての長女の考えを理解していなかったことを反省し，あらためて，今後の会社の存続のために自社株を買い取らせて欲しいと依頼し，長女に納得をしてもらい，買い取ることができました。

 事例のポイント

自社株を所有していることは，株券を実際に持っているわけではありませんが，自社株に託された親の想いを，そのまま受け取っている人もいることを忘れずに買取の交渉は慎重に行う必要があるという事例です。

【税理士の役割4】第三者が株主になっている場合の買取

第三者株主が存在しても，現社長は，それほど問題視しないことが多いのは，社長自身が出資をお願いしたケースもあり，出資の経緯がわかっているからです。

社長は，「相手も変な人ではないし，そんなに焦らなくても大丈夫」と言うことがありますが，税理士としては，問題が起きていない時点で交渉することが重要であると説明する必要があります。

次に，自社株の買取に際しては，株価算定の実施が必要になります。

法人で買い取るのか，社長個人が買い取るのかという選択には，株価の違いや税金，買取資金の負担に影響しますので，それらの計算結果をわかりやすく社長に説明し，買取方法の検討をしていただくことが大切です。

さらに，第三者株主との買取交渉において，先方への買取価額説明を社長が行うことは，かなり難易度が高いので，必要であれば税理士が説明を実施することで，交渉をサポートすることも有効です。

5．経営と自社株を渡す時期の検討

　事業承継で渡すものは，『経営』と『自社株』の２つです。

　それでは，この２つを，いつ渡すのかということを検討します。

コンサルティングのポイント

☞ 経営を渡す時期の検討

・社長は，事業承継をする適切なタイミングがわからないので，なかなか後継者にバトンタッチできない

・経営を渡す最適なタイミングは，後継者の社長としての経営手腕を見極め，先代が社長に返り咲く必要がなくなった時である

・社長が高齢になると業績が悪化する傾向があるため，渡す時期は遅すぎてはいけない

☞ 自社株を渡す時期の検討

・後継者に自社株を渡す時期は，経営の承継が完了した後である

・経営能力の見極めができていない状況で，自社株を渡してはいけない

・自社株を渡す時期は，株価水準を優先に考えるのではない

▶▶コンサルティングに必要な知識◀◀

　社長に対して，「いつ後継者にバトンタッチしますか？」「いつ，自社株を渡しますか？」という質問をしても，回答が得られないことが多いものです。もちろん，社長が，まだ辞めたくないからということもありますが，社長は，経営上，事業承継をするタイミングは，いつが正しいのか，基準がわからないというのも大きな理由です。

　なぜなら，後継者にバトンタッチすることは，社長自身も未経験だから

です。この問題に対し，正解はありませんが，ひとつの基準となるものを
ご説明します。

♣ 経営を渡す時期

『経営』を渡すということは，社長交替だけでなく，経営体制の整備，
株主構成の検討など範囲が広いので，ここでは，社長交替時期にのみ限定
してご説明します。

▶後継者の状況からの判断

後継者が社長に就任したとしても，必ずしも社長として経営能力を発揮
できるのかどうかはわかりません。

後継者の社長就任後に，先代から後継者は経営能力がないと判断された
場合に，先代が社長に返り咲くということは，世の中の事例でもあるもの
で，ユニクロの柳井氏，日本電産（現ニデック）の永守氏も一度会長に退
いた後に，社長（CEO）に返り咲いています。

世の中の社長が会長職に退いた後も，数年間，経営に関与するのは，後
継者の経営手腕を確認する期間が必要であるということも理由のひとつで
す。

（もちろん，社長が，まだ会社を完全に辞めたくないという気持ちもあ
るとは思いますが。）

したがって，経営を渡す最適な時期は，後継者の社長としての経営手腕
を見極め，先代が社長に返り咲く必要がなくなった時です。

最適なタイミングで経営を渡すためには，次のステップを踏んで行うこ
とになります。

経営を渡すステップ

①後継者が経営能力を身につけ，社内外の信用を得たと判断した時に，社
　長に就任させる

②後継者の社長としての経営手腕を見極め，先代が社長に返り咲く必要の
　有無を判断する

　社長，後継者の年齢は，経営を渡す時期のひとつの検討要素ですが，そ
れが最終的な判断基準ではありません。

　後継者が社長に就任しても，すぐに，先代はリタイアするのではなく，
一定期間，後継者をテストする必要があると考えるべきで，このテストに
合格しないうちに，現社長がリタイアするのは時期尚早といえます。

▶社長の状況からの判断

　中小企業白書（2013年版）には，中小企業の経営者に対して行った，
『経営者の年齢と経常利益の関係に関するアンケート結果』が掲載されて
おり，それによると「経営者が高齢である企業ほど，経常利益の状況につ
いて減少傾向と回答する会社の割合が高い」というデータがありました。

　かなり以前の調査ですが，現在でも，このような傾向はあるのではない
かと考えます。

　なぜなら，一般に，高齢の社長は，時代や環境の変化についていけず，
新商品やサービスを生み出せなかったり，事業意欲が減退することがある
からです。

　もちろん，80歳代の社長でも，新しいアイデアを出されて，ますます事
業拡大をしようとしているケースもあり，社長が何歳になると，経営に
とってマイナスの状況になるのかは個人差がありますので，バトンタッチ
の時期が遅れると経営にはマイナスになる可能性があるということを念頭

において，個々の企業の状況をみながら，プランニングする必要があります。

♣ 自社株を渡す時期

まず，これからご説明をする「自社株を渡す」ということの定義は，**後継者が支配権を確保できるレベルの株数を渡すことを意味しており**，後継者候補に対して，暦年贈与で自社株を少しずつ渡すことを想定しているものではありません。

さて，それでは，支配権を確保できる水準の自社株を渡す時期についてご説明します。

後継者に自社株を渡す時期は，経営の承継が完了した後です。

前述のように，経営を渡す時期は，後継者を社長に就任させ，一定期間，経営手腕を見極めた後，先代が社長に返り咲く必要がなくなった時です。

つまり，これは，後継者が一人前の経営者として，先代からお墨付きを得たということです。

一人前の経営者なのですから，次は，支配権を手にする資格があるということです。

これに対して，後継者の経営手腕の有無を判断することと関係なく，「株価が低いので，相続時精算課税制度を用いて，一気に自社株を後継者に渡しましょう」という提案を見かけることがあります。

これは，税金だけのことを考えると，間違いではありませんが，経営能力の乏しい後継者（後継者候補）に，株価が安いという単純な理由だけで，自社株を渡してしまうことなので，会社の将来を危うくする方法と言わざるを得ません。

『経営』と『自社株』とを渡す時期については，次の図のように，3つ

のパターンが考えられます。それでは，各々の方法の良し悪しを整理します。

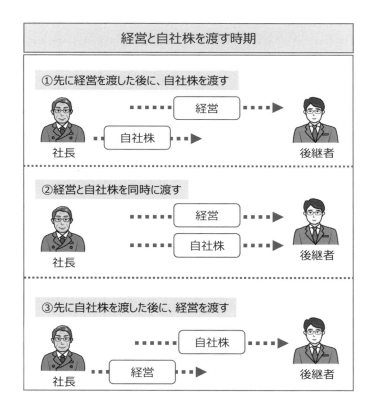

① 経営を渡した後に，自社株を渡す

　後継者を社長に就任させ，経営能力があることを確認した上で，自社株を渡すという段階的な取り組みであり，後継者の経営能力を判定することができる期間があるので，最適な方法です。

　ただし，社長が高齢になってから実行する場合には，後継者の選定と育成に時間がかけられず，また自社株を渡すタイミングも後ろ倒しになって

しまいますので。早期に事業承継対策に着手することが必要です。

② 経営と自社株を同時に渡す

　この方法は，後継者に経営能力がない場合には，会社の将来が不安定になる可能性があります。

　経営を渡した後に，後継者に経営能力がないことが判明しても，後継者が既に自社株を取得して，支配権を握っているため，先代が返り咲くことは不可能になることもあります。

　社長が高齢になり，経営判断が鈍ったり，病気，または亡くなったなどの要因で，経営と自社株を同時に渡さなければならない場合はやむを得ないと思いますが，そういうバトンタッチの仕方は，後継者の経営能力の有無が判断されないまま，「長男だから社長」という選択になることがあり，経営上，不安の残る方法です。

③ 自社株を渡してから経営を渡す

　これは，3つの方法の中で，最も悪い方法だと考えられます。

　例えば，株価が下がったので，社長が，後継者候補の社長就任前に相続時精算課税制度で自社株を渡し，後継者が3分の2の支配権を確保したとします。

　その場合には，後継者候補は，社長に就任しなくても，大株主として，株主総会の決議に強い影響を持つことになります。

　極端な例ですが，後継者候補は社長を解任して，自分が社長になることも可能ということであり，②と同様，先代が社長に返り咲くことが難しい状況です。

【税理士の役割】後継者育成が最優先であることを徹底する

　事業承継対策に関し，社長の頭の中には，事業承継の際の税金が大変だというイメージが強く，また，専門家から早期の自社株移転が望ましいという提案を受けることもあるので，事業承継対策の中で，自社株の対策に着目しがちです。

　税理士の役割は，経営能力の乏しい後継者が自社株を取得して，会社を舵取りすることの危険性を説明して納得していただくことです。

　わかりやすく，社長に説明するためには，次のように整理してお話しいただくと良いでしょう。

 説明の例

　「事業承継は船頭の交代に例えられます。<u>能力のない船頭に船を任せたら，安全な航海はできません。</u>

　それと同じことで，経営能力が備わっていない後継者に自社株を渡すことは，経営を危うくすることです。自社株の税金のことよりも，後継者を育てることを優先課題として取り組んでください。」

　このようにお話しいただいて，ともかく自社株を早期に渡さなくてはならないという誤った事業承継対策の情報を遮断し，社長のお考えをリセットすることが大切です。

　事例：後継者に自社株を渡したら，会社から追い出された創業者

　創業者である社長は，長男が大学生の頃から後継者にしたいと考えていましたが，いきなり親の会社に入社するのではなく，他社を経験して入社することが良いと考えていて，長男が他社に就職する際にも反対しません

でした。

　将来のことは長男本人が決めることですが，社長としては，長男を後継者と考えていることだけは伝えました。

　長男は，他社（上場企業）に10年間勤務した後，やはり親の後を継ぐのが良いと考え，親の会社に入社しました。その後，社内のさまざまなセクションで業務を覚え，役員を数年間経験して経営陣としての実力を身につけました。

　その中で，やはり上場企業と比較すると仕事のやり方やシステムが古いと感じ，改善を図りたいと考えるようになったり，新規事業に取り組んだりしましたが，他社で働いた経験のない社長とは，考えが相容れず，衝突することも多くなりました。

　社長からみると，後継者は一人前ではないと感じながらも，自分が70代半ばになったため，息子に経営を譲って会長に就任しました。

　また，その時には，たまたま色々な要因で株価が下がっていたため，税理士の勧めにより，相続時精算課税制度で，自社株を長男に贈与しました。

　長男の経営能力には，まだまだ不安があるものの，自分が会長として，育てていけば大丈夫だろうと考えていましたが，それは，大きな判断ミスでした。

　社長のイスを譲った1週間後に，会長として出社したところ，会社内のネットワークにログインができなくなり，仕事ができない状態になりました。

　原因は，後継者が会長を業務から外すために，社内の情報にアクセスできないようにしたということです。慌てた会長は後継者である長男を呼んで説明を求めたところ，長男は「これからは自分の時代なので，親父は口を出さないで欲しい。出社の必要はないから，家で，のんびりして欲しい」と言い，状況を変更することはありませんでした。

　会長は，何とかこの状況を打開しようとしましたが，自社株は既に後継者が所有して支配権を確保しているため，株主総会で反対することは不可能で，結局，何もすることができず，会長の敗北が決定しました。

 事例のポイント

　後継者を社長に就任させて育てることは大切ですが，まだ経営能力に不安がある時に，自社株まで渡すべきではありません。

　後継者に経営と自社株を渡した後は，会社は後継者のものになるため，支配権のない人は，身内であっても追い出される可能性があるということです。

　自分の子供から容赦のない対応をされるという事例は，世の中にたくさんあるので，社長は，後継者の経営能力を認めて，完全リタイアしても良いと思うまで，自社株を後継者に渡してはいけないということです。

6．社長交代についての関係者の理解

コンサルティングのポイント

☞ 社内外とも，後継者を無条件で受け入れない可能性があり，納得感を得られるような対策をする
☞ 後継者を早期に社外に周知させ，人間関係の構築を図ることは重要

▶▶コンサルティングに必要な知識◀◀

♣ 後継者は無条件に受け入れられるわけではない

①　社外のケース

　親族内承継は年々減少しているものの，まだまだ，同族会社の社長にとっては，子供を後継者にすることが優先的な選択肢となっているものです。

　社長交代においては，社外の人が，後継者は，これから取引を継続するに足る人物であると判断するかどうかが大きな問題になります。

　当然のことですが，必ずしも，全ての社長の子供が経営者の素質を有しているわけではありません。

　しかし，同族会社の場合には，経営能力が低くても親族が社長になることはハードルが低く，わかりやすく言いますと，『社長の息子だと社長になることはできる』ということです。

　社内では，社長が後継者を育成することによって，なんとか社員も納得する状況になるかもしれませんが，社外の人にとっては現社長の子供であるからといって無条件に後継者を受け入れるわけではありません。後継者が経営者としてやっていけるのかということを，冷静に『品定め』するものです。

　そこで，社外の人を安心させ，スムーズに後継者との取引に移行できるようにするためには，早期に後継者を社外の人にお披露目して，関係構築を図ることが大切です。

　そのアクションを起こす前に，まず，取引先と銀行は後継者に対して，どのような判断をしているのかということと，どのように対応したら良いのかということをご説明します。

ａ．取引先

　中小企業の取引は，社長の顔で持っていることが多いものです。

　「あの社長なら信頼できる」というようなイメージです。したがって，

逆に，「あの社長でなくなったら，取引は見合わせる」ということもあります。

　つまり，取引先が後継者との取引に不安を感じた場合には，取引条件の変更や，取引そのものの縮小を検討することもあり得るということです。

　これを防ぐために，後継者候補が取引先に対して，何らかの実績を作ることや，人間関係を構築する必要がありますが，そのためには，一定の期間が必要です。

　後継者候補が，現社長と同様に取引先の社長とお互いに人間性や考え方を理解することはとても重要です。

　社長は，「重要な取引先については，まだまだ後継者に任せられん！」と言わずに，早く引き継いで，後継者が取引先の信頼を得られるようにすることが大切だということです。

b．銀行

　中小企業の融資判断は，財務内容はもちろん重要ですが，社長の経営手腕や人間性に対する評価が大きく影響します。

　良好な財務内容を支えているのは，他ならぬ社長であり，社長のリタイアは，銀行にとっては一大事です。

　特に，社長の急死による事業承継の場合などは，銀行は，今後の融資返済能力や，担保・融資の保全状況などを見直し，融資方針を再検討することになるのが一般的です。

　そして，融資方針の見直しの結果，銀行の融資の姿勢が慎重になることがあり，以前は借入することができたものが，簡単ではなくなったりすることもあります。特に，二代目から三代目への承継よりも，創業社長から後継者へのバトンタッチの場合には，信用力の低下が大きいので，その傾向は顕著となります。

　もちろん，業績が急変しない限りは，急に借入金の返済を求められることはないと思われますが，銀行は常に経営者の状況をチェックしていることを忘れてはいけないということです。

　銀行と後継者候補との関係構築の仕方ですが，社長の息子として，顔つなぎをする程度では足りず，後継者候補の実績を示して，銀行に何らかの印象を与えることが必要です。

②　社員のケース

　それでは，次に社員は，後継者に対してどんな感情を抱いているのかということについて，一般社員，古参役員.後継者世代の親族社員のケースに分けて，ご説明します。

a．社員全般の反応

　社員は，後継者候補が社長に就任した場合に，業務の方針・仕事のやり方，給与などの処遇が変わらないかなどを心配し，後継者候補の動向を注視しています。

　若い社員の場合には，後継者の方針についていけない場合には，転職するという選択肢がありますが，年配の社員の場合には，転職の可能性が低くなるため，この部分には敏感になっていることがあるものです。

　これに対する解決策は，後継者候補が社長と同様に経営能力を身につけ，また，社員との対話を行い，社員から信頼されるようになることです。

　ただ，それには時間がかかりますので，すぐにできることは，後継者候補は決して奢らず，謙虚な気持ちで社員と接することの大切さを理解することです。

ｂ．古参役員の反応

　古参役員は，現社長の下でこれまで頑張ってきたので，社長に対しては尊敬の念があります。特に，創業社長とともに頑張ってきた役員は，社長と運命共同体のようなお気持ちになっていることが多いものです。

　しかし，後継者に対しては，友好的であったとしても，尊敬の気持ちはありませんし，後継者に尽くそうという気持ちは，それほど強くないと考えた方が良いでしょう。

　現社長にお世話になったので，恩返しの気持ちで後継者のお世話をしましょうという方もいますが，社長の息子の『ぼんぼん』に何ができるのかと冷ややかな態度の方もいます。

　未熟な後継者から，いきなり指示をされたくないし，従来の経営方針を急に変えないで欲しいという気持ちが強いものです。

　この対策ですが，後継者候補は，長く社長とともに経営を担ってきた役員に対して敬意を表し，役員から教えていただくという謙虚な姿勢が重要で，社長は，それを後継者候補に指導することが大切です。

事例：自分が辞めてからやってくれという古参役員

　後継者が30代の会社の事例です。

　役員の経験を経て，社長に就任した後継者は，先代の経営方針を踏襲するだけでは，会社の将来展望が描けないと感じ，新規事業を立ち上げようと考えました。

　そこで，新規事業計画のアイデアを役員に説明しましたが，古参役員は非協力的であり，その内容を理解しようともしませんでした。

　そもそも，経営経験が乏しく，役員からみれば自分の子供のような後継者が，イマドキの新規事業を立ち上げて成功するはずがないと考えていたので，新規事業計画の内容の良し悪しなど考える余地もなかったのです。

　後継者は，自分が経営者として評価されていないという事実を理解せず，むしろ，新規事業は旧世代の人には理解できないから反対されているだろうと考えてしまい，新規事業を強行しようとすると，古参役員は，「私はどうしても反対です。**やりたいなら私が辞めてからやってください。**」と猛反対しました。

　混乱を収束させるために，先代である会長が関わることになり，古参役員の考えも取り入れながら後継者の新規事業案の修正を行い，最終的には，古参役員が，会長の経営判断に対する信頼感と，自分たちへの配慮を感じて，了承するに至りました。

 事例のポイント

　後継者は，まだ自分が古参役員の信頼を得ていないという状況や，古参役員には，これまで会社を牽引してきたというプライドがあることを理解していなかったことが混乱の原因といえる事例です。

　その前提を理解していれば，会長に相談し，古参役員への根回しをするなどの方法があったのではないかということです。

ｃ．後継者世代の親族社員の反応

　同族経営の場合，まずは，社長の子供が後継者の第一候補になることが多いでしょう。

　つまり，例えば社長の甥は，社長の子供に生まれなかったばかりに，自分はどんなに頑張っても社長になれないことが決まった人生を，歩まなくてはなりません。

　そういう星の下に生まれたから仕方がないと理解をされることが多いのだと思いますが，内心では自分の方が優秀なのに社長になれないことを快

く思わない人もいるのです。

　後継者と同世代の親族社員の場合，子供の頃は一緒に遊んでいた従兄弟の部下になることに複雑な感情を抱くものであり，<u>がっかりしたり，妬んだりという感情は強い場合がある</u>ということです。

　親族社員は後継者がこれから数十年にわたり，一緒に会社を経営する運命共同体であり，長期間にわたり良い関係を維持する必要があります。

　後継者は，社長になったからといって，従兄弟である親族社員に立場の違いを見せつけ，上から抑えつけるのは好ましくありません。

　業務上で意見の相違が生じることがあるかもしれませんが，長期にわたり，一緒に経営を担う存在として，お互い尊重し合うことが大切です。

　若い後継者は，業務に一所懸命になると，こういうことをおろそかにすることがありますので，社長として，親族社員との関わり方を指導する必要があります。

▶▶▶ 税理士の役割 ◀◀◀

【税理士の役割１】取引先との関係構築

　後継者候補が社長に就任する前であれば，仮に取引先との関係で何か失敗をしても，社長のフォローで挽回できる可能性がありますが，社長のリタイア後であれば，うまくいく場合ばかりではありません。

　社長が，取引先に「後継者候補である息子を育ててください」という気持ちをもって，時間をかけて育ててバトンを渡すことが大切であり，税理士の役割は，社長が後継者候補を決めた後には，取引先に，早期に顔つなぎを実施し，社長抜きで取引先を担当させることの重要性を説明することです。

【税理士の役割2】銀行との関係構築

　後継者が銀行との関係構築ができていないと，後継者にバトンタッチした後に，簡単には融資が受けられなくなる可能性もありますが，この点の理解をされていない社長もいるので，税理士の役割は，社長に対して，その可能性を説明し，後継者ができるだけ早く銀行から評価されるように，その対策方法のアドバイスをすることです。

　具体的な方法は，社長が銀行の支店長と面談する時には，早い時期から後継者候補を同席させ，後継者候補としての存在を認識させることと，後継者候補が取り組んだ成果・プロジェクトなどを，わかりやすく解説して，その実力を銀行に理解してもらうことです。

　銀行員は，一般的に，お客様との面談の履歴を情報として記録しておくので，たとえ，その担当者が転勤をした場合でも，後任者には，その情報が引継ぎされるため，意識的に後継者の存在をアピールすることが大切なのです。

　このような地道な努力を重ねていき，後継者候補と銀行の関係を構築することが可能になります。

　後継者が修行中に銀行と関係を構築し，後継者就任時にはハンデを負わずにスタートできる環境を作ってあげることが大切です。

【税理士の役割3】社員への対応

ａ．社員全般への対応

　税理士の役割は，社員は一般的に，後継者候補が社長就任後に経営方針や処遇の変更を行う可能性について不安視していることを社長に伝え，後継者にバトンタッチしても，経営方針や社員の処遇に変化はないと社員に説明して安心してもらうことの重要性をご理解いただくことです。

　さらに，後継者候補が社員の信頼を得られるようになるためには，経営

能力をアップすることと，後継者候補が社員と対話を行い，信頼を得ることが必要であり，社長が後継者候補を鍛えあげた結果，仮に社長の息子でなかったとしても社長になって当然というレベルに達することができれば，社員も納得するということを社長にご説明してご納得いただくことが大切です。

b．古参役員への対応

古参役員からみれば，後継者は未熟に感じられることは明らかです。

税理士の役割は，古参役員がそのような感情を抱いているものであり，対策の必要性があることを説明します。

具体的には，古参役員に対しては，後継者候補を育てて欲しいと依頼することであり，後継者に対しては，古参役員を知識経験の豊富な先輩として，敬うように指導する必要があることです。

古参役員のこれまでの苦労やプライドを保ち，かつ，後継者の成長に役立っていただくことが大切です。

c．後継者と同世代の親族社員への対応

税理士の役割は，まず第一に，社内に社長の子供がいると，甥，姪は社長になれない可能性が高いことについて不満を感じている場合があること，特に，社長が社外勤務の子供を，後継者として呼び戻す場合には，さらに不満の感情が増える可能性もあることを説明することです。

そして，次に，社長になれない親族に対して，「親族として後継者を応援し，将来にわたって，一族の会社を存続させて欲しい」と社長から説明していただき，さらに，役員報酬などの待遇面においても，後継者だけ突出した水準にするのではなく，後継者を支える親族に大幅に不利益が生じないようにすることの重要性をご理解いただきましょう。

　社長がリタイアした後も，長期にわたって親族経営が続くのであり，親族同士のわだかまりは排除し，親族が協力し合って経営をしていく環境を整えることが，社長の仕事であることを，税理士から説明してください

7.「自社株の承継」の実行に関する方法の検討

コンサルティングのポイント

☞ 自社株を渡す方法の選択のポイントは，税率の低い方法ではなく，後継者が支配権を確保するために，後継者に確実に渡すことができる方法を最優先に考えること
☞ その上で，支配権確保と税負担，後継者の資金負担をバランスよく検討する
☞ 株価の変動，渡す相手や税制の変更もありうるため，ひとつの方法に偏らず，複数の方法を組み合わせて実行することが大切

▶▶コンサルティングに必要な知識◀◀

♣ 自社株を渡す方法の検討要素

　自社株を渡す方法は，贈与・相続・譲渡の3つです。
　そして，どの方法を選択すれば良いのかを考える場合，次の図のような要素があります。

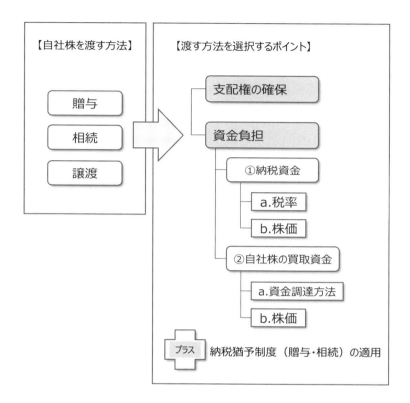

　自社株の移転方法を検討する場合，**後継者の支配権の確保と自社株を渡す時の資金負担**という２つの側面があります。

　さらに，資金負担の検討の内訳には，自社株を渡す方法ごとの**納税資金**と**自社株の買取資金**があり，その検討においては，税率・株価・買取資金の調達方法を考える必要があります。

　自社株を渡す方法を考える場合，優先的に考えるのは，後継者の支配権確保の実現であり，自社株を渡す時の資金負担が小さい方を優先的に選択すべきではありません。

　とはいえ，納税や買取資金の準備ができなければ，自社株を渡すことができないという現実問題がありますので，支配権の確保と資金負担の小さ

い方をバランスよく検討することが大切です。

　それでは，これから，選択するポイントについて，ご説明します。

❖ 支配権の確保が確実な承継方法

　次の図をご覧ください。

　贈与・譲渡・相続の３つの選択肢について，後継者に支配権を渡すことが可能かどうか整理しました。

自社株を渡す方法		支配権の確実な承継
贈与	暦年贈与	○
	相続時精算課税制度	○
譲渡	後継者・別法人	○
	金庫株(通常)	△
相続	＊＊＊＊	×

【贈与】

　暦年贈与，相続時精算課税制度ともに生前に社長の意思をもって後継者に自社株を贈与するので，後継者が確実に支配権を承継することが可能です。

【譲渡】

　<後継者・後継者出資の別法人への譲渡>

　社長自身が，生前に自分の意思をもって，後継者や別法人に譲渡するので，後継者は確実に支配権を確保することができます。

　後継者が100％出資した持株会社のような別法人に対して，社長が自社

株を譲渡した場合には，後継者は間接的な自社株の保有とはいえ，確実に支配権を確保することが可能です。

＜金庫株＞

社長が所有している自社株を会社に譲渡するため，後継者がすでに自社株を所有していれば，間接的にシェアが上がることはあるものの，他の株主がいれば必ずしも社長が所有していた持株シェアをそのまま取得できるとは限らないので，支配権の確保は確実ではない場合もあります。

他の株主が存在する場合には，金庫株により，他の株主も持株シェアがアップしますので，金庫株の実行に際して，持株シェアのシミュレーションが必要になります。

【相続】

相続で自社株を渡すことは，確実な方法ではありません。

遺言を作成しても，相続人が争い，あらたに遺産分割協議を行う場合には，遺言内容通りの相続が行われず，必ずしも確実に後継者に渡すことはできないからです。

納税や自社株の買取資金の負担を考えれば，自社株を渡す方法として，相続を除外するわけではありませんが，支配権の確保という観点では，確実ではないことをご理解ください。

さて，ここまでのところで，自社株を後継者に渡すことにおいての最優先検討事項である『支配権の確実な承継』を確認していただきました。

❖ 資金負担の検討

支配権の確保が確実な方法を確認していただいた上で，それを実現するために自社株を渡す際の資金負担を確認し，後継者が現実的に負担するこ

とができるかどうかを，①納税資金と②買取資金の２つの観点で検討します。

①　納税資金
ａ．渡す方法ごとの税率

自社株を渡す方法		納税資金	
		税金の内容	税率
贈与	暦年贈与	贈与税	10%～55%
	相続時精算課税制度	贈与税	20%
		相続税	10%～55%
譲渡	後継者・別法人	所得税	20%
	金庫株（通常）	所得税・住民税	最高55%
相続	＊＊＊＊	相続税	10%～55%

　税理士のみなさまに，各々の税率について，ご説明する必要はないと思いますので詳細な説明は省略します。

ｂ．渡す時の株価
　納税資金の額は，自社株の評価額が高い時には大きくなり，自社株の評価額が低い時には，小さくなります。つまり，単純に自社株を渡す方法ごとの税率だけの比較では判断を誤ることになります。
　自社株を渡す時の税金を考える時には，将来の株価予測が重要であるということです。

▶▶納税額の決定

　納税額は，自社株を渡す方法ごとの税率と渡す時の株価の組み合わせで決定されます。

　つまり，次の図のように，**税率×渡す時の株価**　となります。

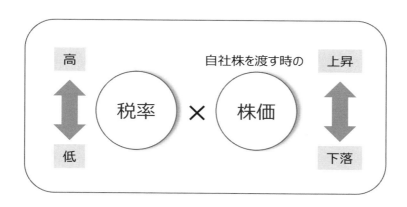

　したがって，税率が低い方法でも株価が高い時であれば，資金負担は大きくなりますし，逆に税率が高くても株価が低い時であれば，資金負担は小さくなります。

　将来，株価が上がると想定し，今，株価水準が低いので，自社株を渡すメリットがある方法は，贈与と譲渡です。

　相続時精算課税制度は，まさに，いま，株価水準が低いことを利用して，自社株を贈与するものです。

　ただ，完全に将来の株価を予測できるわけではありませんので，残念ながら自社株を渡す時点での正解はありません。あくまでも，株価の将来予測と税率の組み合わせで，納税が可能と想定される方法を検討するということです。

▶▶納税可能かどうか

　社長，ならびに後継者の税金の負担について，資金調達を実施して納税が可能かどうかを検討します。

自社株を渡す方法		資金負担/納税資金	
		負担内容	負担者
贈与	暦年贈与	贈与税	後継者
	相続時精算課税制度	贈与税	後継者
		相続税	後継者
譲渡	後継者・別法人	所得税	社長
	金庫株（通常）	所得税・住民税	社長
相続	＊＊＊＊	相続税	後継者

▶▶後継者の資金負担

　＜贈与税＞

　贈与の場合には，後継者が何らかの方法で，資金を準備する必要があります。何らかの方法といっても，一般に，後継者は贈与税を苦も無く納税できるほどの資産形成はされていないため，通常は，後継者に無理のない範囲で，まず，少額の暦年贈与を検討することになります。

　相続時精算課税制度の場合には，後継者が自己資金で贈与税を納税することは難しい場合がありますが，株価が低い時の贈与は最終的な相続税の納税資金を減らすことを考えれば，納税資金を何とか調達して，贈与を受けることはメリットがあります。

　後継者の資金調達の方法としては，社長が贈与税分を現金で後継者に贈

与するケースがあります。

　納税資金用の現金にも贈与税が課されるので，あまり効率が良い方法ではありませんが，株価が将来上昇すると判断した場合には，実行するメリットがあると考えて良いでしょう。

　なお，株価が上昇するか下落するかについては，誰もわからないことですので，事業計画に照らして，社長と話し合いの上，事前の綿密なシミュレーションを行うことが大切です。

＜相続税＞

　相続税の場合には，相続財産のうちの金融資産で納税することが可能な場合もありますが，もし納税資金が不足する場合には，相続財産のうちの自社株や不動産を譲渡したり，借入をするなどして，納税資金を確保しなくてはなりません。

　したがって，相続税の納税資金が不足しないように，それに見合った退職金の支給を検討することは重要です。

　ただ，自社株の評価額が高くて，退職金だけでは相続税の納税資金が不足する場合には，相続した自社株の金庫株をする方法が，よく用いられています。

　会社の自己資金で金庫株を実施することができれば問題ありませんが，相続時に株価が高ければ，納税額が大きくなるため金庫株を実施する際に自己資金では対応できず，借入が必要になることがあります。

▶▶社長の資金負担

＜所得税＞

　社長は，自社株を譲渡した際の所得税を負担しますが，これは自社株を売った資金から納税するので，納税資金の確保は，特に検討する必要があ

りません。

　さて，これまで，後継者と社長の納税資金の負担について，ご説明しました。

　どの方法で実現できるかどうかは，自社株の評価額総額によるところが大きいといえます。

　また，どれかひとつの方法で渡すとは限りませんので，複数の方法を検討し，資金負担が可能な方法を選択してください。

②　自社株の買取資金

　社長が自社株を譲渡する，つまり後継者・別法人，発行法人が自社株を取得する際の買取資金について検討します。

自社株を渡す方法		資金負担/買取資金	
自社株を渡す方法		負担内容	負担者
譲渡	後継者・別法人	買取資金	後継者・別法人
譲渡	金庫株(通常)	買取資金	発行法人

　社長が自社株を譲渡する相手は，後継者，持株会社などの別法人，発行会社が考えられます。

　自社株の評価額が高い場合には，買い取る側の資金負担が大きいため，一般的に，個人での買取は不可能なことが多いものです。

　したがって，現実的には，発行会社か持株会社などの別法人が，自己資金か銀行借入で買い取ることになります。

　ただ，事業を行っていない純粋持株会社が自社株取得のために，銀行か

ら借入する場合には，その返済原資が，発行会社からの配当のみになるため，銀行借入の際には，銀行に対して，手数料を支払うような条件のある融資を利用しなくてはならない場合がありますので，事前に銀行に条件内容の確認を行うことが重要です。

♣ 自社株移転において活用する制度
～事業承継税制（納税猶予制度）を対策の検討から除外しない～

　非上場株式等についての贈与税・相続税の納税猶予および免除の特例（以下，納税猶予制度）は，後継者が相続または遺贈・贈与の方法で自社株を取得する場合に適用を受ける制度です。

　一定の要件を満たす場合には，非上場株式にかかる相続税・贈与税が猶予され，さらに後継者の死亡等によって納税が猶予されている相続税・贈与税の納付が免除されます。

　つまり，納税猶予制度の要件を満たして，相続税・贈与税の猶予を受け，次世代まで猶予が継続されれば，納税が『免除』される制度です。

　この制度について「万が一の時に税金を払わなければならない」という理由で，検討しない税理士を見かけますが，詳細な検討をする前にイメージだけで除外してしまうことは，顧問先にとって良い選択ではありません。

　株価が高い企業は，事業承継の都度，自社株の移転にかかる多額の相続税や贈与税等を納税しなくてはならないため，それを回避することが可能となる，この制度はとても有効です。

　「納税猶予が打ち切られた際に税金を払わなければならないリスクがある」という意見に対しては，見方を変えると，納税猶予制度を使わない場合には，リスクと言っている税金を，最初に払ってしまっているので，納税猶予制度の利用により，リスクが増えるものではないということです。

　（猶予が打ち切られた場合の利子税の納税は必要ですが，猶予税額から

見れば少額です。)

　一般的に，同族企業で，何代にもわたって，親から子供に事業を継続してきたのであれば，納税猶予の打ち切られる可能性は高くなく，納税の猶予と免除のメリットの方が大きいと考えます。

　もちろん，未来永劫，子供にバトンタッチしていくのかどうかはわかりませんが，現状の一代の事業承継について，事業承継税制の適用を受けることが，将来において大きなデメリットになるとは考えられません。

　詳細な検討をする前からこの制度を排除するのではなく，事前の検討をすることは重要です。

　ただ，制約が多い制度であり，納税猶予の打ち切り事由をよく理解し，制度の適用を受けるべきなのかを，個別に検討する必要はあります。

　例えば，組織再編の場合には，納税猶予の打ち切りになりますので，複数の関連会社があり，将来，組織再編が予想される場合には，この制度の適用を受けることは適していません。

♣ 複数の方法を組み合わせることが重要

　自社株を渡す方法は，どれかひとつの方法だけを選択するのではありません。それは次の2つの理由があります。

a．支配権確保と資金負担，社長のニーズを考える

　自社株を渡す方法の検討において，後継者の支配権の確保は最も重要ですが，それでは，全株式を贈与すれば良いのかと言えば，必ずしもそうではありません。後継者が贈与税の納税ができないかもしれませんし，また，社長が自社株の現金化を希望する場合には，社長のニーズに応えられないからです。つまり，<u>支配権の確保と資金負担，社長のニーズをバランスよく考える必要がある</u>ということです。

ｂ．自社株を渡す方法の検討にかかる要素の変化

　自社株を渡す方法を検討する際，多くの検討要素は，時間の経過とともに変化します。

　将来の株価，後継者や親族の状況，税制の変更など，どれも全く予想がつかないものであり，自社株を渡す方法がどれかひとつに偏ってしまうと，各々の検討要素が大きく変化した時に，デメリットが生ずることになります。

　したがって，どのように変化しても大きくデメリットが生じないように，暦年贈与・相続時精算課税贈与・譲渡・納税猶予制度など，複数の方法を組み合わせることが安全な方法であると言えます。

　さて，これまで，自社株を渡す方法を選択するポイントを項目ごとに図に示しましたが，それらの内容を一覧表にまとめました。自社株を渡す方法のプランニングをする際に，次頁の図表をご活用ください。

【自社株を渡す方法の選択】

	自社株を渡す方法	支配権の確実な承継	納税負担 税金の内容	納税負担 税率	資金負担 納税資金 負担内容	資金負担 納税資金 負担者	資金負担 買取資金 負担内容	資金負担 買取資金 負担者
贈与	暦年贈与	○	贈与税	10%〜55%	贈与税	後継者	＊＊＊＊	＊＊＊＊
贈与	相続時精算課税制度	○	贈与税	20%	贈与税	後継者	＊＊＊＊	＊＊＊＊
譲渡	後継者・別法人	○	所得税	20%	所得税	社長	買取資金	後継者・別法人
譲渡	金庫株（通常）	△	所得税・住民税	最高55%	所得税・住民税	社長	買取資金	発行法人
相続	＊＊＊＊	×	相続税	10%〜55%	相続税	後継者	＊＊＊＊	＊＊＊＊

※復興特別所得税、配当所得控除は考慮していません。

プラス 納税猶予制度（贈与・相続）の適用

▶▶税理士の役割◀◀

【税理士の役割１】

後継者の支配権確保を最優先に考えた上で，実行可能な方法を検討する

　税理士の役割は，社長に対し，自社株を渡すことの検討においては，後継者の支配権確保が最優先事項であり，税金の負担が小さい方法を優先的に選択すべきではないと説明することです。

　税理士が社長に対し，『後継者が社長になった時，支配権がない状況では会社の運営ができないこと』を説明し，これを社長の頭の中にイメージしていただくことができれば，ご納得されるはずです。

　後継者が育っていないのに，株価水準が低いという理由で慌てて自社株を渡そうとする社長を正しい方向に導くことが大切です。

　そして，その上で，支配権の確保と資金調達，社長の自社株現金化ニーズなどバランスよく考えて，実行可能な方法を検討します。

【税理士の役割２】渡す方法を組み合わせ，全体計画を立てる

　自社株を渡す方法の検討要素は，時間の経過とともに変化し，将来の株価，後継者や親族の状況，税制の変更などは予測がつかないため，どれかひとつの方法に偏るのではなく，複数の方法を組み合わせることが安全な方法であると税理士から社長に説明しましょう。

　検討に際しては，大まかに，どの時期に，どの方法で何株を渡すのかを決めておくことが必要で，『とりあえず暦年贈与をする』というような場当たり的な対応ではなく，全体計画を示すことが大切です。

　さらに，検討要素の変化に応じ，定期的に，どの方法を選択することが有利であるかということを，フィードバックすることが税理士の重要な役割です。

　なお，変化する検討要素のうちの株価の将来予測を税理士が行うことは

136

難しいものですが，その変動要因の重要な要素が，会社の業績であるため，社長から業界動向，業績計画を伺い，シミュレーションを行うことは可能です。正確なものではないとしても，シミュレーション結果に基づいて，社長と一緒に方針を検討することは重要です。

 複数の方法を組み合わせた計画例

①後継者決定後，暦年贈与を実施……毎年10株
②株価が下がった時，もしくは，今後株価が上昇すると判断した時に，相続時精算課税制度で贈与……後継者が育っていれば，全株式。後継者の育成中であれば，50％以下。
③相続時精算課税制度の実行時に，全株式の贈与であれば，納税猶予制度の適用を受ける

 ポイント

①の実行時に，①〜③までを計画することが大切で，場当たり的に，①だけ実行することは好ましくありません。

【税理士の役割3】 納税猶予制度の検討

税理士は，自社株を渡す方法について，全て説明することが必要なので，納税猶予制度についても除外せずに，社長に説明しなくてはなりません。

要件がとても多くて複雑な制度であるため，社長が理解することができず，検討を投げ出してしまう状況は好ましくありません。

税理士は，わかりやすい資料を作成して，メリット・デメリットを説明して，社長が正しい判断をすることができるようにすることが大切です。

なお，事業承継税制の手続や報告関係は，作業負担が大きいので，税理士は，別途報酬を獲得できるチャンスではありますが，負担が大きすぎる

と判断した場合には，大手税理士事務所との提携も検討すると良いでしょう。

8．株価対策の検討

コンサルティングのポイント

☞ 株価対策は簡単にはできない

☞ 意図的な株価対策はリスクがある

☞ 株価が下がる仕組みを理解して，事業計画にあてはめて対策をすることは重要

▶▶コンサルティングに必要な知識◀◀

♣ 株価を劇的に下げることは難しくなっている

　税理士のみなさまには釈迦に説法だとは思いますが，平成29年税制改正において，類似業種比準価額の計算方式が変更になりました。

　税制改正前は，比準要素のうちの「利益」を3倍にする計算方法だったので，退職金の支給で利益を下げれば，株価は大幅に下がるという結果が得られ，小さな会社の株価対策は，これで十分だったことが多いと思います。

　しかし，平成29年の税制改正後は，利益を3倍するという計算方法ではなくなったので，退職金支給等で利益をゼロにしたとしても株価が大幅に下がることはなくなりました。

◆平成29年度税制改正前までの類似業種比準価額の計算式

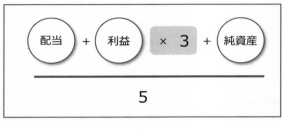

◆平成29年改正後の類似業種比準価額の計算式

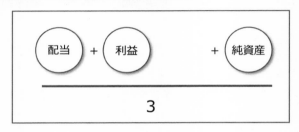

　さらに，計算式の変化により，比準要素の『純資産』のウェイトは，税
制改正前は，5分の1だったものが，3分の1に変更になったため，純資
産の厚い会社では，純資産額が株価を押し上げる要因になりました。

　類似業種比準価額を計算する場合の比準要素の『純資産』の数値は，そ
の会社の簿価であり，この数値を下げることは容易ではありません。

　つまり，純資産の引き下げは容易ではなく，利益の引き下げによる株価
への影響は小さくなったということです。

　かつては，事業承継対策で重要なことは，株価対策であるとされていて，
事業承継関連の書籍やセミナーでは，この部分が強調され，オペレーティ
ングリースで利益を減らす提案がなされていましたが，投資額に対する株
価対策実現のメリットが小さくなってしまいました。

　今後も金融商品を用いた株価対策を検討される方はいると思いますが，業歴の長い企業のように純資産が厚い場合には，利益をゼロにしても，株価が下がる効果が小さいことは，計算していただければわかると思います。

♣ 株価対策のリスク

　意図的に株価対策をして節税をするということは，税を徴収する国の方針とは対立することになります。そこで，過度な節税を防止するために，法律や通達で規制がなされています。

▶同族会社の行為または計算の否認等（相続税法64条（法人税法132条等にも同様の条文あり））

　同族会社等の行為又は計算で，これを容認した場合においてはその株主若しくは社員又はその親族その他これらの者と政令で定める特別の関係がある者の相続税又は贈与税の負担を不当に減少させる結果となると認められるものがあるときは，税務署長は，相続税又は贈与税についての更正又は決定に際し，その行為又は計算にかかわらず，その認めるところにより，課税価格を計算することができる。

▶特定の評価会社の株式（財産評価基本通達189）

　「なお，評価会社が，次の株式保有特定会社又は土地保有特定会社に該当する評価会社かどうかを判定する場合において，課税時期前において合理的な理由もなく評価会社の資産構成に変動があり，その変動が次の株式保有特定会社又は土地保有特定会社に該当する評価会社と判定されることを免れるためのものと認められるときは，その変動はなかったものとして当該判定を行うものとする。」

　※上記下線分は，著者が修正しました。原文は，「（2）又は（3）」です。

　同族会社の行為または計算の否認の規程は，同族会社が容易に節税を行うことを防ぐため，節税全般を規制しています。

　また，特定の評価会社の株式（財産評価基本通達189）の規程は，いわゆる「株特はずし」を防止するために定められたものです。

　これらの法令・通達があることから，税理士は，**株価対策を実行することは，顧問先企業にリスクを負わせることである**と認識し，かつ，そのリスクを顧問先にしっかりとご理解，ご納得いただく必要があります。

❖ 株価が下がるタイミングを利用することは正しい

　さて，これまで，意図的な株価対策を行うことのリスクについて，ご説明しましたが，株価が低い時に，自社株を後継者に渡して，後継者の資金負担を減らすことを否定しているのではありません。

　その企業の経済活動の変化や，日経平均株価が下がるなどの外部要因により，株価が下がっているのであれば，そのタイミングで自社株を後継者に渡すことは，後継者の資金負担を減らすことになるので，検討すべきです。なぜなら，意図的ではなく，たまたま株価が下がっている状況で，自社株を移転することは，「相続税又は贈与税の負担を不当に減少させる」ことにはならないと考えられるからです。

▶具体例

　それでは，外部要因や，企業の経済活動の結果，株価が下がるタイミングについて，具体例を挙げます。

①（外部要因）日経平均株価が下がった

　（その結果）類似業種比準価額が下がった

②（企業の経済活動）工場用地を取得し建物を新築した

　（その結果）不動産取得から３年経過後に，純資産価額が下がった

③（企業の資本政策）安定株主確保のため中小企業投資育成の出資を受

　け入れた

　（その結果）類似業種比準価額，純資産価額が下がった

　このように，あくまでも外部要因や事業活動の結果，株価が下がった状況で自社株を移転することは，事業承継対策において有効です。

✤ 社長は，株価対策のための複雑なスキームを必ずしも望んでいない

　株価対策の実行について，仮に社長がリスクを理解したとしても，大がかりに組織を変えてまで株価対策を行いたいと考えている社長ばかりではありません。

　例えば，いわゆる持株会社スキームについて考えてみます。

　このスキームは，後継者が出資する会社を設立し，銀行から借入をして社長から自社株を買い取って持株会社化するというもので，一定の条件のもとでは，今後の株価上昇抑制になります。

　しかし，このスキームの実行後，持株会社と子会社（事業会社本体）の２社の体制になっても，経営の実態は変わらず，経営上，何かが向上するわけではありません。逆に，さまざまな事務手続が発生することになります。

　このスキームは，持株会社を社長が所有している自社株の受け皿としか

考えておらず，グループ会社の経営統括という本来の持株会社経営とは異なります。

このようなスキームに対し，「株価対策だけのために，経営がいびつになるような，そんな面倒なことはやりたくない」と考える社長も少なくありません。税理士は，そのことを念頭において，提案することが大切です。

また，そのように考える社長に対して，安易に株価対策の提案をすると，一気に信頼を失ってしまうことがあるということをご理解ください。

▶▶税理士の役割◀◀

【税理士の役割1】 株価の下落要因を整理して社長に説明する

多くの社長は，株価の算定方法を理解していません。

利益が下がれば株価が下がると思っている社長は多いですが，赤字が継続して，比準要素数1の会社になった場合に，純資産価額で算定することになり，株価が高くなってしまうことがあることを知らずに，「赤字になったら株価が下がるから大丈夫！」と安心している社長もいます。

あまり詳細なことまで社長が理解する必要はありませんが，どのような場合に株価が変動するのかという仕組みを理解していただかないと判断を誤ることになります。

税理士の役割は，株価算定方法の種類，株主の態様や，移転する相手によって株価算定の方法が変わることや，特定会社など純資産価額で判定されるケースなどを，わかりやすく説明することです。

書籍やネット上に掲載されているもののコピーで，断片的に説明するのではなく，自分でわかりやすい説明資料をパワーポイントやワードなどで，作成し，ミーティングの際に株価の説明をする時には，毎回，同じ資料をお見せする方法が好ましく，この方法で，社長の理解が深まると思います。

【税理士の役割２】株価対策のリスクを説明する

　前述のように，株価対策を行うことはリスクがあり，また，株価対策の効果は，平成29年の税制改正以降，小さくなりました。

　つまり，リスクを冒しても得られる効果は低いので，顧問先の立場になって考えると，税理士は株価対策が事業承継のメイン業務であるとか，株価対策提案を自身の武器と考えてはいけないということです。

　税理士の役割は，株価を意図的に下げることはリスクがあるので，経営の安全性から考えると必ずしも好ましいとはいえないことと，意図的な株価対策ではなく，外部要因や企業活動の結果，株価が下がったタイミングを利用することは，相続税又は贈与税の負担を不当に減少させることにはならないと考えられるため，その時期の自社株の移転を検討すべきであることを社長に説明して理解していただくことです。

【税理士の役割３】株価が下がるタイミングをアドバイスする

　会社が事業活動を行っている場合，利益の波はありますし，設備投資の結果，株価が下がることがあります。つまり，意図的な株価対策をしなくても，株価が下がる局面があり，税理士の役割は，そのタイミングを逃さずに，社長に提案することです。

　そのために，社長から事業計画を伺い，設備投資やまとまった退職金の支給等があれば，それが株価下落要因になり得ることを確認し，自社株評価額のシミュレーションを実施することで，自社株を渡すタイミングを社長に説明することが可能です。

　税理士は常に状況把握を行い，社長から相談がなくても，適切なアドバイスを行うことが重要な役割です。

　なお，適切な提案をするために，事業承継対策の検討を開始したら，毎

期，株価算定を行うことが基本になります。

9．正確なバランスシートの引継と資産内容の見直し

コンサルティングのポイント

☞ 資産の含み損，含み益を反映した正確なバランスシートを作成し，後継
　者に引き継ぐ
☞ 不要な資産は，事業承継のタイミングで処理を検討する

▶▶コンサルティングに必要な知識◀◀

　後継者は，会社の財務内容を理解するために，確定申告を実施した際の
バランスシート（貸借対照表）を確認することになります。

　ただ，そのバランスシートには，資産の含み益と含み損は反映されてい
ないため，バランスシート上の純資産額が，必ずしも実態を反映している
わけではありません。（時価会計の場合を除きます）

　不良在庫や長期の不良債権は，バランスシートを実態よりも過大に見せ
ていますが，社長は頭の中で，実態のバランスシートを把握しているので，
大きな問題ではありません。

　しかし，後継者は，一般に財務諸表を読む力が弱いですし，含み損がど
れくらいあるのかということを簡単に知ることもできません。

　そのような状況では，正しい経営を行うことはできませんので，含み損，
含み益を反映した正確なバランスシートを作成した上で，後継者はそれを
もとに，実態の財務状況を知る必要があり，さらに，事業承継のタイミン
グで不良資産の処分を検討することも重要です。

▶▶▶ 税理士の役割 ◀◀◀

【税理士の役割１】

実態に合ったバランスシートを作成し，会社の本当の価値を示す必要性を社長に説明する

バブル崩壊やリーマンショックで，価値が毀損した不動産を所有している場合，まず，後継者が，含み損を抱えた資産の存在を認識することが重要であり，次に，それを処分するのか，保有し続けるのか，事業承継のタイミングで社長とともに検討することが重要です。

税理士の役割は，後継者が会社の真の価値を理解することの重要性を社長に説明し，ご理解いただくことです。

また，同時に，社長の了解を得て，後継者に実態バランスシートの内容についてレクチャーすることは大切です。

☞ 作業報酬

この作業は，会社の規模や資産内容によっては，作業量が多くなることがあります。

その場合には，株価算定作業と同様に，実態バランスシート作成作業として，別途，報酬をいただくことも検討しましょう。

【税理士の役割２】活用が見込めない不良資産の処分

正確なバランスシートを把握し，含み損を抱えた資産が明らかになった場合には，そのまま，その資産を所有し続けるかどうかの検討は重要です。

税理士の役割は，事業承継のタイミングで不良資産を処分するかどうかについて，社長と方針を協議し，処分をサポートできるものには対応するということです。

含み損を抱えた不動産でも収益を生むものであれば，所有している価値

はありますが，不稼働資産の場合には，短期的には所有する意味がありません。

　また，含み損のある不動産の価格上昇を待って所有している間も，固定資産税を納める必要があり，その負担も長期間になると無視できませんし，そもそも，含み損を解消するまでの回復は簡単ではないでしょう。

　さらに，不稼働資産のうち，山林など事業に活用できていない資産を保有していると，収益が上がらないだけでなく，土砂災害，倒木などの災害が発生し，隣地に悪影響を及ぼすというリスクも保有していることがあるので注意が必要です。

　後継者は，事業を引き継いだ後に，当該資産の所有や処分を検討しようとしても，取得した経緯がわからないため，手つかずの状態になることもあります。

　税理士は，不良資産を処分するために必要な不動産業者なども，自分のブレーンとして，日頃から準備しておき，手続をサポートできるようにしておきましょう。

事例：含み損のある山林を売却した事例

　会社所在地とはかなり離れた場所に山林を所有している会社がありました。この山林は，先々代が経営している時に取得したもので，取得経緯がよくわからないものであり，その活用を考えようにも，事業用地，住宅地などとして検討する余地もない山奥の山林で，このまま何もしなければ，未来永劫，不稼働のまま抱え込んでしまうことになると思われる不動産でした。

　ただ，不動産の簿価に計上している金額が小さいため，社長の認識もあまりなく，また，社内では問題視されていませんでした。

　弊社は，この事実を，事業承継コンサルティングの一環で，この会社の

バランスシートを精査している時に知り，そのままにしておいても会社にとってメリットがないだけではなく，災害発生時には，近隣住民から訴えられるなどのデメリットがあることを説明し，売却の提案をしました。

　ちょうど，その時期に他の地域で台風災害により，所有土地から，がけ崩れが発生し，近隣住民から管理不備の訴訟を起こされていたという事件があり，そこで，その事例を参考にして，山林の処分の重要性を社長に説明し，社長もリスクを理解されました。

　弊社は，ブレーンである不動産会社に対応を依頼したところ，山林の購入希望者が見つかり，問題の着手から半年以内に譲渡まで完了しました。

　物件は山林であり評価額は小さいため，不動産の売却で利益が出るということはありませんでしたが，今後のリスクを回避することができました。

 事例のポイント

　不良資産の処分について，社長が着手しない場合，何も進展せず，後継者がそれに取り組むことは簡単ではありません。

　事業承継コンサルティングにおいて，実態のバランスシートを把握できたことで，不良資産の処分を実行することができた事例です。

10. 各種社内規程の整備

コンサルティングのポイント

☞ 就業規則，退職金規程等を，時代の変化に対応してアップデートする

　社内規程は，会社が独自に定める社内ルールであり，取締役会規程，就業規則・退職金規程など，たくさんの種類があります。

　これらのものは，法令を遵守し，コンプライアンスを意識したものでなくてはなりません。

　そして，法律，条令は改正が行われるため，社内規程もこれらの改正に対応する必要がありますし，さらに，社会情勢の変化，会社と社員の関係の変化，社内体制の変化など，さまざまなものに対応していく必要があります。

　社内規程が制定された当時のまま見直しが行われず，さまざまな変化に対応できていない場合には，トラブルが発生することもあり，また社員のモチベーションが低下し，業務の効率が低下するなどのデメリットが考えられます。

　例えば，時間外勤務など，昭和時代の滅私奉公型のサラリーマンであれば，当たり前のように我慢していたものが，昨今では法律等で是正されていますし，また，産休・育休制度など，新しい制度の導入が図られていますが，会社の規程がこれに対応していなければ，社員は満足しないかもしれません。最悪の場合には，人材が流出することになります。

　つまり，社内規程は，作成したら終了ではなく，見直しをすることが必要です。

　業歴の長い会社は社内規程の制定時点が古いため，見直しが行き届いていない場合がありますので，事業承継をする前に，時代に即した社内規程の見直しを行うことが大切です。

事例：退職金規程が古かったため死亡退職金受取のトラブルが発生
　したケース

　長年勤務した社員が亡くなり，配偶者に死亡退職金が支払われました。

　社員の親は既に他界し，子供はいなかったので，法定相続人は配偶者と社員の兄という状況でした。

　会社の退職金規程には，死亡保険金の受取人が『社員の法定相続人』と定められていたため，弟の死亡を知った社員の兄が法定相続人として，相続する権利を主張してきました。

　退職金は，すでに配偶者に支払済だったため，あとは相続人同士の話し合いに任せ，会社はタッチしない方針でしたが，配偶者からは，会社の退職金規程に不備があったと主張され，また社員の兄も，会社が法定相続人を確認せずに，退職金を支払ったことについて過失があると主張し，会社も対応に追われることになりました。

　最終的には，弁護士が対応し，配偶者の生活保障などを考慮して，妥協点を見出すことはできましたが，当事者の心労も大きく，規程さえ見直しされていれば，問題は起きなかったと考えられます。

 事例のポイント解説

【このケースを理解するために必要な知識】

　▶死亡退職金の受取人は次のように決定されます。

　a．退職金規程に死亡退職金の受取人が明確に定められている場合

　　死亡退職金は受取人の固有の財産になり，他の相続人と遺産分割の協議をする必要がありません。

　b．退職金規程に受取人が明確に定められていない場合

　　遺産分割の対象になり，他の相続人と遺産分割協議が必要になります。

【対応策】

　この会社の退職金規程が制定された頃は，まだ人々が相続する権利など
を主張するような知識も方法もなく，穏やかな時代だったのかもしれませ
んが，昨今では，今回のケースの兄のように，相続の権利を主張すること
は珍しくなくなりました。

　そこで，こういうケースに対応するために，現在，多くの退職金規程は，
労働基準法施行規則第42条に定められている内容を織り込んでいることが
多くなりました。それにより，配偶者は他の相続人と争うことがなく，死
亡退職金を受け取ることが可能になります。

　◇労働基準法施行規則第42条

（1）遺族補償を受けるべき者は，**労働者の配偶者**（婚姻の届出をしな
　　くとも事実上婚姻と同様の関係にある者を含む。以下同じ。）とする。

（2）配偶者がない場合には，遺族補償を受けるべき者は，労働者の子，
　　父母，孫及び祖父母で，労働者の死亡当時その収入によって生計を維
　　持していた者又は労働者の死亡当時これと生計を一にしていた者とし，
　　その順位は，前段に掲げる順序による。

　最近では，子供のいない夫婦も増加しており，その場合には，社員の兄
弟姉妹が相続人になり，配偶者の権利が守られないことがあります。

　会社が，退職金規程をアップデートしていれば，今回のように，社員の
兄が退職金の受取を請求するような問題は起きなかったことから，規程の
見直しの重要性をご理解いただける事例だと思います。

▶▶ 税理士の役割 ◀◀

さて，今回の事例はかなり長いものでしたし，内容的にも税理士業務の範囲を超えていて，弁護士や社労士が解決することではないかとお感じになったかもしれません。

確かに，問題の最終的な解決は，弁護士や社労士ですが，社長から依頼がない状態で，弁護士や社労士から，規程の見直しについて提案があるとは限りません（これは，私が多くの中小企業の社長から伺った感想です）。

つまり，会社や社長が問題点と認識していない限り，対策が打たれずに，このような問題が発生してしまう可能性があります。

税理士は，ご自身の専門分野ではないとしても，問題が発生する可能性をもって，チェックすることは，事業承継コンサルティングとして意義のあることです。

前段が長くなりましたが，税理士が具体的に何をすれば良いのかということをご説明します。

【税理士の役割１】

各種社内規程の見直しの重要性を社長に説明する

一般に，社長は社内規程の現状については，問題意識が低いと思います。

したがって，社内規程の見直しの重要性を説明することが，税理士の役割です。

前述の事例のように，社内規程が古かったために，意図せずに社員がトラブルに巻き込まれたことなど，具体的な事例をもって説明をすると，社長は規程の見直しの重要性を感じることになります。

税理士は，社内規程の整備を行うのではなく，社内規程見直しの重要なきっかけを与えることが大切です。

【税理士の役割2】規程見直しをサポートする

a．見直しを検討すべき規程の提案

　上場準備をされる会社の場合には，社内規程を見直しますが，その範囲はかなり広いものです。

　未上場企業の場合，あまり大がかりなものではなく，人事関係規程とコンプライアンス規程の見直しが重要です。

　どの企業でも定期的な見直しが必要な，就業規則や退職金規程等に加え，新たに制定されたものとしては，テレワーク規程，公益通報者保護規程などがあります。

<見直しを検討する規程の例>

【人事関連規程】	【監査・コンプライアンス規程】
就業規則 退職金規程 育児・介護休業規程 テレワーク規程	コンプライアンス規程 ハラスメント対策規程 企業秘密管理規程 公益通報者保護規程

b．他の専門家との協働による規程見直しの実施

　規程見直しを実施するためには，各々の専門家の力が必要です。

　弁護士，社労士など，規程の見直しに関する各々の専門家を交えて社長とどの規程を見直すのかということやスケジュールなど全体の計画を協議します。

　税理士は，個別の見直し業務には専門家としてではなく，事業承継対策全般のコントローラーとして，他の専門家と協力して対応するというスタンスが重要です。

11．社長がリタイアする際に必要な資金

コンサルティングのポイント

☞ 社長がリタイアする際に必要な資金は，次の通り
① 社長の功績に対する慰労金（退職金・自社株の買取）
② 社長の相続人が負担する納税資金
③ 社長の相続人が遺産分割を行うための資金
☞ 必要な資金の支払のため，会社が間接的に資金調達を行う場合には，会社の事前の資金計画が必要になる
☞ 必要な資金の支払も，会社から見ると社外流出であるため，次世代経営陣である親族の納得感を得ることは必要

▶▶コンサルティングに必要な知識◀◀

♣ 社長のリタイアに際して必要な資金とその算定方法

　長期にわたり，会社を牽引してきた社長は，相応の資金を受け取ることになり，会社はその資金を準備することになります。

　その資金とは，①社長の功績に対する慰労金（退職金・自社株の買取），②相続人が負担する納税資金③遺産分割を行うための資金の3つです。

　必要な資金を考える時に，『社長のリタイア後の生活資金を算定する』という専門家のご説明を聞くことがありますが，これまで多額の報酬を受け取り，かつ，ご高齢の社長ですから，生活資金という観点で計算する必要はないと考えます。

　次の図は，社長のリタイアに際して必要な資金とその算定方法等を図にしたものです。

必要資金		
資金内容	必要額の決定	
	必要額の検討	金額決定の難易度
①社長の功績に対する慰労金	社長のご意向	○ 容易
②相続税の納税資金	現在の財産をもとにした概算	△ 相続時の財産額によって異なる
③遺産分割を行うための資金	法定相続人の意向	× 相続人が納得する金額は不明

①　社長の功績に対する慰労金（退職金・自社株の買取）

　前述（第Ⅱ章 社長のハッピーリタイア）の通り，社長はこれまでのご自身の功績に見合った退職金を受け取ることや，場合によっては自社株の一部を現金化するという意向を示される場合があり，特に創業社長の場合には高額になることがあります。

　これは，社長の意向で決定するものですので，必要額の算定は容易です。

②　社長の相続人が負担する納税資金

　未上場企業の社長の場合，社長の財産に占める自社株の割合が高い場合が多いので，その場合には，相続人が納税できるように事前に金融資産を準備しておかないと，相続人が苦労をすることになります。

　そこで，まず，社長の現在の財産額をもとに，相続税を計算し，概算額を把握します。

　ただ，社長の財産額は相続発生までに変化するものであり，特に①の高額な退職金や自社株の現金化によって，その額は大きく変わりますので，①の額が決定した段階で，再度，それを含めて計算を行う必要があります。

③　社長の相続人が遺産分割を行うための資金

後継者が自社株を相続すると，法定相続分での遺産分割は行われにくくなり，後継者以外の相続人にも，それなりの財産を残さなければ，相続争いでもめる可能性があります。

そこで，社長に将来の遺産分割案をお考えいただき，それに基づいて相続人が遺産分割でもめないように，後継者以外にどれくらいの資産を残すのかを検討する必要があります。

ただ，後継者以外の相続人がどの程度の財産で納得するのかということは，わからないため，金額の算定は容易ではありません。

このように，社長のリタイアに必要な資金は，先ほどの図の①から③ですが，これらを別々に準備するのではありませんし，また，②や③は社長の資産状況によって変化するため，明確にいくらあれば足りるという計算は難しいですが，相続が発生して，相続人がもめることがないように，おおまかに捉えて準備しておく必要はあるのです。

❖ 必要資金の準備

ａ．相続人からみた必要資金

さて，次の図は，必要な資金とその資金調達方法をまとめたものです。

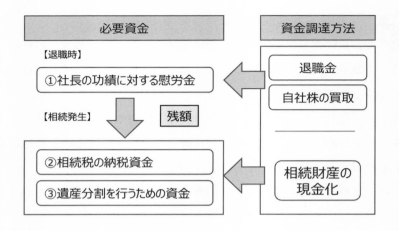

必要資金の①〜③は，別々に資金調達するのではありません。

まず，社長のリタイアに際し，①社長の功績に対する慰労金を，退職金と自社株の買取で資金を準備します。

そして，社長の相続発生時に社長が所有しているその資金の残額が，②相続税の納税資金と③遺産分割を行うための資金に充当されることになります。

さらに，①の資金で②と③の資金に不足する場合には，相続した自社株や不動産を売却して現金化することで，相続人は資金調達をすることになります。

つまり，①の金額が起点となって，②③の資金調達を考えることになるため，必要資金を事前に考える場合には，①を単独で考えるのではなく，②③も併せて，総合的に考える必要があるということです。

仮に社長が「いまさら，お金なんて使わないから，退職金なんてそんなにいらない」と言ったとしても，②③で想定される資金は退職金で受け取っていただかなくてはならないことがあるということです。

つまり，社長の退職金は，社長が楽しく使うお金という意味だけではな

く，相続人が困らないように受け取る資金であるということです。

b．会社からみた必要資金

会社は，まず，①の退職金と自社株の買取資金を準備する必要があります。

金額によっては，少なからず資金繰に影響があり，会社の自己資金で対応することができない場合には，銀行借入を行うことになります。

銀行からみて，退職金や自社株の買取資金の融資は，会社の収益を生み出すものではないので，前向きな資金と捉えられないことがあります。

社長に突然，相続が発生した場合，後継者の就任等で会社が混乱する中で，借入を行うことは大変なので，事前に資金計画をして銀行に相談して，スタンスを確認しておくことは重要です。

♣ 親族役員の納得感を得る

社長の兄弟などの親族からすると，社長が多額の役員退職金を受け取ることや，自社株を現金化することは『社長が会社からお金を持ち逃げする』と感じることもあるものです。

役員退職金の支給額は，株主総会・取締役会で決定されるので，社長，後継者の持株シェアが高ければ，2人で決定してしまうことは可能かもしれませんが，そうでない場合には，親族に対し，創業者利益という考え方が存在することや社長の子供達には，自社株にかかる相続税の納税資金等が必要であることを，説明して納得を得ることは大切です。

▶▶▶税理士の役割◀◀◀

【税理士の役割1】必要額を算定する

税理士の役割は，必要な資金を可能な限り，明確にすることです。

　まず，必要な資金として最初に考えるのは，①社長の功績に対する慰労金です。これは，社長がお決めになることですが，社長が自分から言い出すことは難しいものです。

　そこで，現在の財産額と社長から遺産分割案をお聞きした上で，各相続人の相続税の納税資金と遺産分割に必要な資金を算定します。

　つまり，その数値は社長が最低限，受け取るべき金額であり，社長が，ご自身の慰労金として受け取る①の金額の最低ラインがわかるということです。

　税理士が，そのような基準となる金額を示すことで，社長も金額を言いやすい状態になります。

　「社長の退職金は社長のためだけのものではなく，社長の相続人のためでもある」と説明すると，話がスムーズになるかもしれません。

【税理士の役割2】親族役員の納得感を得るためのサポート

　社長の多額の退職金を聞いた親族役員としては，社長の貢献度は理解しながらも，今後の経営において，会社から資金流失が起こることについて心穏やかではない場合があります。

　そこで税理士の役割は，退職金の金額の根拠と決定したプロセスを親族に自分から説明すると，社長に提案することです。

　親族役員は，社長の退職金を，リタイア後に楽しく遊ぶためのお金とイメージしていることが多いと思いので，次のような提案が有効です。

 説明の例

「後継者が自社株を相続するために相続税の納税資金を負担しなくてはならず，これは，純粋な個人資産の承継に対してかかるものではなく，会社を存続させるためのコストであり，社長の退職金には，このコストが

含まれているので高額になってしまうのです。この点をご理解ください。」

このように，説明すると，親族役員も納得しやすいと思います。

また，親族役員も自社株を自分の子供達に承継する場合の相続税のことが心配になっていることが多いものです。

税理士は，親族役員に対し，自社株に関する相続税の資金調達などについて，アドバイスが可能であると説明することは，親族役員の納得感を得るためにプラスになると考えられます。

12.　自社株を含めた社長の個人財産の承継

コンサルティングのポイント

☞ 社長の個人財産のうち，自社株は後継者に渡すべきであるが，それを阻害する要因は次の2点
　① 財産を相続人に公平に相続させたい社長の意向
　② 公平な遺産分割を主張する法定相続人
☞ 社長と相続人に対し，後継者の支配権確保の重要性の説明を行い，さまざまな法律や制度を活用しながら，上記の阻害要因を解決する

▶▶コンサルティングに必要な知識◀◀

♣ 後継者に自社株を渡すことが必要

前述の通り，自社株には，支配権の側面と個人財産の側面があります。

> ▶支配権の側面………会社をコントロールする権利を持つ
> ▶個人財産の側面……社長の相続人の遺産分割の対象になる

　したがって，後継者や経営に関与する人にとって，株主総会で経営の重要事項を決定するために，自社株を所有することは必須と言えます。

　しかし，それは，あくまでも会社の資本政策上で目指すゴールであり，自社株には，社長の個人財産という側面があることから考えると，資本政策上のセオリーのように，社長が所有されている自社株の全てを後継者に渡すことは簡単ではありません。

♣ 後継者が自社株を相続することを阻害する要因

a．社長が財産を相続人全員に公平に渡したいと考えるケース

　遺産分割については，色々な考え方がありますが，同族会社の社長には，自社株を含めた自分の財産を相続人に公平に渡したいと考え，法定相続分での遺産分割を希望される方もいます。

　特に価額が上昇する懸念のある自社株については，子供達が経営に関与するのかどうかわからない早い時期から，暦年贈与を行っている例が多く，支配権の確保に重点を置いていない自社株の承継が行われているということです。

　これは，社長が父親として子供達には公平でありたいという気持ちと，自分が経営してきた証を子供達全員に感じて欲しいという考えが強いものと考えられますが，資本政策上では正しくありません。

　事業の発展のために，後継者だけに自社株を相続させるための準備をされている社長は，残念ながら多くありません。

b．相続人が法定相続分の取得を主張するケース

　一般に，法定相続人は法定相続分を基準に，自分が相続できる財産の額を考えることが多く，相続人の中に後継者がいる場合でも，自社株も含めて各相続人が均等になるような相続分の主張をすることがあります。

　そのような場合，中小企業の社長の財産構成を考えると，後継者が自社株を相続することは，かなり難しくなります。

　次のグラフは，中小企業の財産構成の例を示したものです。中小企業の社長の財産に占める自社株の割合は高いことが多く，グラフは，自社株380百万円，不動産60百万円，金融資産40百万円で，総額480百万円の状況を示しています。

【中小企業の財産例】

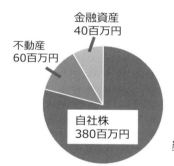

　これを，社長の妻，長男，長女の3人で遺産分割をするケースで考えてみますと，法定相続分は，次のようになります。

```
【法定相続分】
社長妻    240百万円
長男      120百万円
長女      120百万円
合計      480百万円
```

　この状況で，後継者が社長の遺言に基づき，自社株380百万円を相続した場合，この財産構成では，社長の妻，長女は法定相続分の財産を受け取ることができないのは明らかですし，さらに，社長の妻や長女は，長男に対して遺留分侵害請求をする可能性があるということです。

　もちろん，自社株は他の金融資産のように，現金として使えるものではないので，長男が『個人で使える財産という観点』では，ひとりだけ利益を得ているわけではないのですが，そのことを社長の妻や長女が理解を示してくれるとは限りません。

　社長の妻は，後継者の母の立場で，後継者である子供が苦労をしないように，遺留分侵害請求をしないことが多いとは思いますが，世の中には，色々な親子関係が存在しますので，母親だから安心とは思わずに，準備は万全にしておく必要があります。

　親族とはいえ，お互いの権利を主張するような状態になると，話し合いはとても大変になり，裁判に発展することもあるものです。

　したがって，自社株を後継者に渡すためには，相続発生前に対策を打つことが重要です。

▶▶税理士の役割◀◀

【税理士の役割1】
　社長に法定相続分での遺産分割が難しいことを理解していただく

▶社長が自社株を相続人に均等に渡したいと考えるケースの対策

　税理士の役割は，社長に対し，『一般的な中小企業の社長の財産構成は，自社株のウェイトが高いので，後継者に支配権を確保するために自社株を全て渡すことを考えれば，**社長の相続において法定相続分での遺産分割は難しい**』ことを説明し，『法定相続分での遺産分割よりも，後継者の支配権を優先して考えるべきであること』をご納得いただくことです。

　社長の相続人に公平に財産を渡したいというご意向に対しては，経営に関与しない子供が自社株を取得しても金融資産として活用することはできず，さらに相続税を納めなければならないので，社長が考えているほど，喜ばれるものではないことをご説明しましょう。

 社長への説明の例

「自社株を相続すると，相続税の納税の必要があります。相続財産に相続税の納税資金がなければ，資金を捻出しなくてはなりません。また，その後，配当がないとしたら，自社株を取得しても相続税を納税しただけということになります。

　それが，経営に関与しない子供にとって，嬉しいことでしょうか？」

　社長は自分の想いが優先し，子供の税金のことまで考えていない場合があるので，私の経験では，このご説明で，社長にご理解いただけたことが多いです。

　ただし，「自分が経営してきた証を相続人全員に感じて欲しい」と格別に強い想いをお持ちの社長もいらっしゃるので，それを無視してセオリーを押し付けることは好ましくありません。

　これまでの説明をされた上で，最終的な判断は社長にお任せすることが良い方法です。

▶相続人が法定相続分の取得を主張する場合の対策

　それでは，法定相続人に支配権の承継の意味や重要性を理解していただくことや，さまざまな法律や制度を活用した対策方法について，ご説明します。

【税理士の役割2】遺言作成に関するアドバイスを実施

a．遺言の内容

　まず，税理士が最初に行うべきことは，後継者に自社株を全て相続させるために，遺言作成が重要であることを社長に説明することです。

　遺言書に，『後継者に自社株を全て相続させる』と記載することは当然ですが，それに加えて，**付言事項には，後継者に自社株を集中させる理由と，他の相続人に対して，後継者を応援して欲しいことを明記**します。

　この付言事項の記載が重要です。

▶付言事項の例

　　　「○○（後継者）は支配権を確保するために，自社株を所有しなければならない。

　自社株は，現金のように何かを買えるような個人財産とは違うもので，会社を経営するために使う道具だと理解して欲しい。

　そのため，○○（妻）と○○（長女）には，法定相続分通りの相続にはならないが，それに不満を言わずに，理解して欲しい。

　○○（後継者）はこれから，私が経営していた会社を担っていく責任があるので，家族として応援して欲しい。」

　付言事項は，遺言の法的効力の範囲外のものですが，相続人全員が読むであろう遺言に，社長（故人）の遺志が示されていることは重要なことで

す。

　遺産分割の内容について，何もメッセージがなければ，相続人は，なぜ社長が法定相続とは異なる遺産分割の内容にしたのかという理由はわかりませんが，遺言にそのことについての説明があれば，相続人同士も，最後は「お父さんが言っているようにしましょう」という結論に至る可能性もあり，それに期待するということです。

b．遺言作成時期の検討

　社長に万が一のことがあった際に，遺産分割を巡って相続人がもめることは避けなければなりません。

　したがって，事業承継対策の検討に着手した時点で遺言を作成することが良いでしょう。そして，事業承継対策を検討する間に，社長のお考えが変化して，遺言内容と異なった場合には，忘れずに新しい遺言を作成する必要があることを，お伝えしましょう。

　遺言を作成するというと，社長にとっては，『遺書』のように感じる，つまり死をイメージされ，二の足を踏まれる方もいますが，これについて，税理士は，現段階で後継者として考えている人に自社株を確実に渡すために必要な手続であることを社長に説明して，早期の作成を促すことが大切です。

c．遺言の種類と作成のステップ

　遺言を作成する場合，公正証書遺言，自筆証書遺言のどちらの方法にするのかを選択する必要があります。

　もちろん，公正証書遺言は，将来の紛争を回避しやすいという点では，最良の方法であることは言うまでもありません。

　しかし，公正証書については，事前に遺言内容を公証役場に連絡をして，

遺言の作成のために公証役場に出向く必要があるなどの手続が必要で，それらは忙しい社長にとって簡単ではありません。

　前述のように，まだ遺言作成を億劫に感じている社長は，すぐに着手されない可能性があり，その状態で万が一のことが発生すると，何の対策もできていないままで事業承継をすることになります。

　さらに，一度，遺言作成をした後に，事業承継対策の検討を進めた結果，遺言内容が変わることがあります。遺言作成時とは異なる人を後継者とした場合には，自社株を相続させる相手や遺産分割割合も変わるため，遺言内容を変更することになりますが，内容の変更の都度，公正証書遺言を作成し直すのは，時間と費用がかかり大変です。

　これらのことから，事業承継対策に着手した時点では，まず自筆証書遺言を作成し，ともかく社長のお考えを早期に遺すことが大切です。

　なお，自筆証書遺言の形式要件については，注意する必要がありますので，司法書士や弁護士などにチェックをお願いする手配を税理士が行いましょう。

【税理士の役割３】遺言内容を生前に説明する

　自分の相続分が法定相続分よりも少ないことを遺言で初めて知った相続人は驚くこともあるかもしれません。相続人が「自社株については後継者だけが相続して，自分たちは，法定相続分通りの相続でなくても問題がない」と言ってくれれば良いのですが，そのような場合だけではありません。

　そこで，相続人から不満が出る可能性を社長がお感じの場合には，遺言に記載した遺産分割の意味を，生前に説明することが有効であり，税理士の役割は，この方法を社長に説明し，実行を検討していただくことです。

　社長から相続人に，ご自身のお気持ちを，しっかりとお伝えいただければ

ば良いのですが，もめそうな親族の場合には，状況に応じて，税理士がその説明の場に同席をして，自社株の持つ支配権の意味や，後継者の支配権確保の重要性について説明するのは良い方法です。

　なぜなら，社長からではなく，税理士から説明すると，第三者の意見として，冷静に受け止めてもらえる可能性がありますし，親族は第三者には冷静に質問がしやすいからです。

　そして，もしも法定相続分の相続が受けられないことを不満に感じ，遺産分割内容に納得しない親族がいる場合には，次のように説明してください。

説明の例

　「確かに自社株の評価額は，高額になりますが，これはあくまでも計算上の数値に過ぎません。自社株は現金のような財産ではないので，それを相続した人は，お金として使えるわけではないのに，さらに，相続税の納税をしなくてはなりません。

　つまり，後継者個人の生活にとっては，メリットがあるものではないのです。

　ただ，会社を経営する場合，自社株を多く所有していないと会社の方針をスムーズに決められないため，後継者にとって自社株は必要不可欠なものなのです。

　自社株は本社や工場のように，会社の業務に使う資産のようなものだけれど，たまたま，個人が所有するものだとご理解ください。

　社長が築いてきた会社を担う後継者を応援するために，自社株を個人財産から切り離して考えていただけないでしょうか。」

　色々な方がいるので，この説明で納得されるかどうかはわかりませんが，

私の経験では，**自社株≠個人資産，自社株＝業務上の資産**という説明で，ご納得される方は多かったと感じています。

【税理士の役割４】法律や制度を活用した対策方法をアドバイスする

これまでの対策実施で，相続人がもめないようであれば，対策は終了と考えて良いのですが，今は納得されていても，将来は相続人の考え方が変化する可能性も否定できません。

世の中には，相続人の配偶者が遺産分割の内容に口を出して，もめる例もありますので，そのような可能性を感じる場合には，法的な手続を事前に実行し，将来のトラブルを未然に防ぐことは重要です。

なお，将来的にもめる可能性があるかないかということは，社長にご判断をいただいてください。

ａ．遺留分の放棄

社長が生前に遺産分割内容を説明し，相続人が納得したとしても，相続発生時に相続人の考え方が変わった場合には，遺留分侵害請求をすることも可能です。

したがって，社長から将来の遺産分割内容の説明があり，相続人が納得された時点で，遺留分の放棄をしていただいておけば，将来，相続人の考え方が変わっても，遺留分の侵害請求はできないということです。

この手続は，家庭裁判所で行うので，社長は面倒だと感じることもあると思いますが，将来もめることを考えれば，いま，少しだけ頑張ることは，大変意義のあることです。

税理士の役割は，この手続で，将来のトラブルを回避できることを説明し，状況に応じて社長に手続の実行を促すことと，社長がこの手続を行うというご判断をされた場合，司法書士や弁護士の手配を行うことです。

ｂ．民法特例

　次に，遺留分侵害請求の対策として，民法特例（除外合意・固定合意）の適用を受ける方法があります。

除外合意と固定合意とは

◇**除外合意**
　推定相続人の全員が相続前に合意した場合，現経営者から後継者に贈与された自社株を遺留分の計算から除外して計算する制度
◇**固定合意**
　推定相続人の全員が相続前に合意した場合，現経営者から後継者に贈与された自社株について，遺留分を算定する基礎財産に算入する価額を合意時の価額に固定して計算をする制度

　このように，民法特例は，相続人が遺留分侵害請求で争わないように，あらかじめ相続財産における自社株の取り扱いについて条件を設定しておくものです。

　このような法的手続は，現時点では円満であるものの，将来はもめる可能性があることを前提とした対策方法です。

　現時点では円満であれば，このような手続は不要と考えることもありますし，逆に，現在円満な状況でなければ，合意に至らないという少し矛盾したものではあります。

　また，円満な親族同士を法律で縛ることで，かえって人間関係をギクシャクさせる場合に，この方法を選択することは必ずしも得策ではありません。

税理士の役割は，社長に対して，この制度を活用するかどうかの判断は難しいものの，将来のトラブルを回避できる制度であることを説明し，状況に応じて社長に手続の実行を促すことです。

なお，社長がこの手続を行うとご判断をされた場合，司法書士や弁護士が行うことになりますが，この制度は，利用件数がそれほど多くなく，この手続に精通している司法書士は多くないと考えられるため，税理士は，事前に，スムーズに対応してくれる司法書士を確保しておく必要があります。

【税理士の役割5】生命保険の活用をアドバイス

将来，遺産分割でもめるどころか，現状でも親族の仲が悪いため，遺留分の放棄や民法特例（除外合意・固定合意）の手続ができないケースもあります。

そのような状況で，遺言にだけ頼る方法では，心もとないと考えられます。そこで，法定相続分を受け取ることができない親族には，せめて，確実に受け取れる財産を準備することは，相続人同士が遺産分割で争う可能性を低くすることになります。

相続人が確実に受け取ることのできる資産を渡すためには，遺産分割協議の対象外となる財産を社長の生前に作っておくことであり，具体的な方法としては，生命保険の活用があります。

生命保険の死亡保険金は，受取人固有の財産とされているため，遺産分割の対象にならずに，指定された受取人が確実に取得できます。

したがって，社長が法定相続分を受け取ることができない相続人を受取人とする生命保険に加入しておくと良いのです。

これだけで，もめ事を回避できるかどうかはわかりませんが，少なくとも社長が，後継者以外の相続人に配慮して，準備をした事実は残るので，

この手続は重要であるといえます。

　また，生命保険は，相続税の納税資金に活用できます。
　不動産を相続した人が，他に相続した金融資産で相続税の納税ができない場合には，別途，納税資金を捻出する必要がありますが，生命保険金があれば，納税資金に充当できるという点でも，相続人にとっては，有効なものです。納税可能資産という考え方では，保険と現預金では違いはありませんが，遺産分割の対象にならないという点で生命保険の方が相続人にとって価値があります。

　税理士の役割は，事業承継対策において，このような生命保険の機能と効果を，社長に説明することです。
　なお，税理士が生命保険の商品に精通することは難しいと考えられます。
　生命保険の代理店になっている税理士事務所もありますが，生命保険会社によって，商品の良し悪しがありますので，特定の生命保険会社1社の代理店になるよりも，複数の生命保険を取り扱っている乗合代理店と提携する方が，顧問先のニーズに対応する点においてメリットがあります。
　さまざまな乗合代理店がありますので，お客様本位に対応してくれる会社をリサーチしておくことをお勧めします。

13. 兄弟経営についての検討

☞ 一般的に兄弟経営はうまくいかないことが多いことを説明する

☞ 後継者になれない子供への対応を検討する

☞ 兄弟経営のために会社分割を行うことは，中小企業にとって，必ずしも効果的ではない

▶▶コンサルティングに必要な知識◀◀

❖ 兄弟経営は一般的に難しいことを理解する

　社長の複数の子供が会社に入社している場合，子供のうちの誰かが後継者になり，それ以外の人は社長になれません。当たり前のことですが，社長になりたいと考えていたのに，なれなかった子供にとっては，残念なことであり，その後，何十年も兄弟の部下として働くことになります。

　前述の，後継者と同世代の親族社員のケースと比較し，兄弟の方が，より競争意識が強く，自分が後継者になる権利を有していると考えることが多いので，さらに納得することが難しい状況にあります。

　そんな状況の中でも，社長は一般に，「兄弟仲良く会社を発展させて欲しい」と考えていることが多いのですが，それはあくまでも社長の願望であり，世の中を見渡すと，兄弟経営がうまくいかず，トラブルが発生している例は少なくありません。

　兄弟で自社株の相続を巡る裁判になったり，会社を分割してライバルになるなど，社内外を巻き込んだ壮大な兄弟喧嘩に発展してしまうこともあ

ります。

　兄弟喧嘩を世の中に知られてしまうことは，経営的にマイナスですし，
経営陣，社員にとっても，好ましくない出来事です。

　したがって，「兄弟仲良くやって欲しい」という社長の願望を叶えるの
ではなく，会社の存続においては，兄弟経営がうまくいくのかどうか，事
前に，しっかりと検証することが重要です。

♣ 後継者になれなかった子供への対応

①　後継者に協力するか退職するか

　社長の子供のうち，後継者以外の子供が後継者に協力することが難しい
と考えていることが判明した場合には，社長は子供に対し，「気持ちの上
では協力したくなくても，それでも我慢して後継者に協力するか，会社を
退職するかのどちらかを選択しなくてはならない」と説明し，覚悟を問う
ことが重要です。

　一般企業に勤務している場合，社長が気に入らないからといって，社長
に従わない社員はいないですし，また，社長の方針に従えないのであれば，
転職するのが一般的です。

　厳しい言い方ですが，会社を辞めるというアクションを起こさずに，兄
弟とうまくやれないと文句を言っていることは，社長の子供として入社し
ている状態への甘えでしかないということです。

②　状況別，兄弟経営の2つの方法

　社長が，①の説明を行った結果，後継者以外の子供が，会社を退職しな
いという意思を表明したとしても「自分が社長になりたかった」という気
持ちを消して心の底から，後継者に協力することは簡単ではありません。

　そこで，2つの対応方法が検討できます。

a．後継者以外の子供が事業に意欲的な場合

　後継者以外の子供が社長になれなかったとしても，まだまだ事業に意欲的な場合には，希望する担当業務を責任者として任せることや，すでに別会社があるのであれば，その別会社の社長として責任を担わせる方法があります。

　後継者は，本体企業の社長なので，全体を統括する責務がありますから，兄弟が全く無関係で仕事をするというわけにはいきませんが，この方法であれば，日常的に，兄弟が関わる時間を小さくすることが可能です。

　また，最悪のケースで，兄弟が対立することに備え，前述（4.株主構成の検討）の通り，後継者が支配権を確保できるように3分の2の議決権を確保させることが大切です。

b．後継者以外の子供が事業に意欲的ではない場合

　社長になれなかったことを不満に感じ，後継者には協力したくないが，それは，後継者への対抗意識ではなく，仕事への意欲がなくなっているという子供も存在します。これは，弟が社長になった兄にみられるケースです。

　この場合には，後継者との対立がないのであれば，形式上，役員には就任させておき，実質的には，あまり重要な仕事を与えずにコントロールするという方法が考えられます。

　社長になれないのであれば，報酬を貰えるだけで満足するという子供も存在しますので，このようなケースでは，後継者に迷惑をかけないように，経営に影響が及ばないポジションに置くことも良い解決方法です。

　兄弟仲良く経営するということは，かなり難易度が高いものです。

　社長になれなかった子供が後継者である兄弟とうまくやれないと言った

としても，会社を辞めるまでの覚悟がない場合も多いので，あらかじめ，兄弟経営が成り立つ方法を検討することは重要です。

❧ 会社分割は中小企業にとって，必ずしも効果的ではない

　兄弟経営がうまくいかないことを想定して，「会社分割を行って，兄弟が別々の会社を経営しましょう」という提案を見かけることがありますが，その方法は決して簡単ではありません。

　重要なことは，『兄弟喧嘩をしないために社員を巻き込んで会社を分割することは，会社の強みや業務効率を落としてしまうかも知れない』ということです。

　中小企業の場合，人材などの経営リソースが小さいため，会社を分割した場合には，会社の業務効率が落ちる可能性や，社員同士にセクショナリズムが生まれる可能性があり，あまり好ましい結果にならないことが多いと考えられます。

　兄弟のために，会社を犠牲にすることは回避しなければなりません。

　対策としては，社長になれなかった子供が，既に関連会社や，創業家の資産管理会社がある場合に，後継者以外の兄弟がその社長に就任することが考えられ，これは，これまでの経営体制を変更する必要がなく，安定した経営が行えるので，あらたな会社分割とは異なり比較的安心な方法です。

▶▶▶ 税理士の役割 ◀◀◀

【税理士の役割１】社長に兄弟経営の難しさを理解していただく

　まずは，兄弟仲良く会社を盛り立てて欲しいということが，社長のご希望であるとしても，それは，世の中を見渡した場合，必ずしもうまくいっていないことを社長に説明してご理解をいただく必要があります。

　「兄弟経営，失敗」というキーワードでネット検索をしていただくと，

上場企業も含めて，たくさんの失敗事例があります。

　兄弟経営で訴訟にまでなった例として，上場企業の家具屋さんや，京都のかばん屋さんが有名です。これは，メディアにも大きく取り上げられましたので，それを社長にご説明いただくと実感が湧いて良いと思います。

　ただ，色々な事例を説明しても，社長は「ウチの子供達は世の中とは違ってうまくいく」と考えたいものです。

　税理士は，社長のそのお考えが，子供達の気持ちや行動などの現状を分析した結果なのか，社長の幻想にすぎないのかということを問いかけることが重要です。

　この問いかけにより，社長から嫌な顔をされるかもしれませんが，会社の将来のためと考えて頑張りましょう。

【税理士の役割２】兄弟経営の実現可能性の確認

　兄弟経営が現実的に可能かどうかを，まず，社長から後継者に確認していただくことが大切です。

　ただ，社長が子供達に「兄弟で仲良く経営して欲しい」と話した場合に，反対する子供は少ないですが，それは表面的な回答であることが多く，心の底から兄弟でうまくやれると考え，そして実際に兄弟でうまくやっていけるケースは，多くはないものです。

　そこで，税理士の役割は，兄弟各々と単独で面談し，本音の部分を確認することを社長に提案し，実行することです。

　税理士と社長の子供達の関係にもよりますが，税理士にも最初は本音で話すことは少ないと思います。

　したがって，一度ではなく，数回にわたってヒアリングをすることも大切です。

　そして，このような後継者とのヒアリングをする局面を想定し，税理士

は，後継者候補とは本音で話し合える関係を築いておくと，とてもスムーズに対応ができることになります。

【税理士の役割３】 対策方法の検討と実行

社長の子供達の本音や，仕事に対する意欲などを総合的に捉えて，社長と一緒に兄弟経営の方法を考えます。

前述のように，会社分割をして，兄弟で別々の会社を経営するという方法は，中小企業にとって，必ずしも効果的ではないので，選択肢としては，後継者以外の子供が，後継者の下で，個別に担当業務を担うか，既存の別会社で働くということになります。

大切なことは，社長がこの部分について結論を出し，その方法を事業承継において実行することです。

「自分がリタイアした後は，子供達に任せる」というやり方では，後継者が苦労することになり，ひいては，会社経営にマイナスになりますので，税理士の役割は，対策の確実な実行をフォローすることです。

14. 関連会社のあり方の見直し

コンサルティングのポイント

☞ 今後の経営方針に沿って関連会社の経営形態を検討する
☞ 必要に応じて，関連会社の整理と統廃合を実施する

▶▶コンサルティングに必要な知識◀◀

♣ 関連会社の状況確認と，今後のあり方の見直し

　会社は年月とともに，業容を拡大し，それによって関連会社が増えていることがあります。

　会社によってさまざまですが，製造部門，販売部門，海外の販売拠点などの関連会社が存在する場合があり，特に業歴の長い会社には，関連会社の数が多い場合があります。

　その関連会社を，今後，そのままの形態で経営をするのかどうかなど，関連会社のあり方については，事業承継のタイミングで検討することが必要です。

【税理士の役割】
　関連会社のあり方の見直しの必要性を説明し，検討を促す

① 見直しの必要性の説明
ａ．会社形態の検討の必要性を説明する
　長期間，経営を継続していると，経営環境やビジネスモデルの変化によ

り関連会社の役割や必要の度合いが変化し，関連会社の存在が経営実態とは合わなくなることがあります。

　例えば，事業内容に合わせて，合併した方が業務効率が向上する会社がそのままの状態だったり，また，業務的には必要がなくなり実態的には休眠会社なのに，清算されずにそのまま放置されていることもあるものです。

　そこで，現在の事業形態に合わせ，関連会社の合併や分割，さらに不必要な会社の整理を検討することが大切です。

　このテーマは，社長としては，「いつか解決した方がいいかもしれない」と思いながらも，日常業務と比較すると，優先順位が低いため，そのままで放置されていることが多いものです。

　しかし，後継者にとって，実態的には休眠会社になっているような不要な会社が存在していても，過去の経緯を知らないまま処理をするのは大変ですし，その放置された関連会社を，現在の事業内容に合った会社形態に変更し，業務効率を上げるようにするための検討はハードルが高いものです。

　そこで，税理士の役割は，事業承継の前に社長が関連会社の運営方針を決め，場合よっては，整理・統廃合を行う必要があることを説明し，社長に重い腰を上げていただくようにすることです。

　どのような会社形態が正しいのかということを税理士が考える必要はありません。

　税理士は，事業承継前に，関係会社の整理・統廃合が必要であることをご説明して，社長に考えるきっかけを与えることが大切であり，その上で会社分割などの組織再編の方向になった場合には，税務的なアドバイスを実施してください。

ｂ．関連会社の経営体制検討の必要性を説明する

　会社本体の社長が，全ての関連会社の社長であることはよくあることです。

　社長は，業容の拡大やビジネスモデルの変化の中で，段階を踏んで会社を増やしてきたことが多いので，あまり経営の負担を感じていらっしゃらないと思いますが，今後，後継者が，いきなり複数の会社を経営するのは負担になることもあります。

　したがって，事業承継のタイミングでは，各会社の内容や社長としての業務負担などを総合的に考えて，役員が後継者をバックアップすることや，後継者の社長就任当時は，会社本体だけを任せ，子会社は他の役員を社長に就任させることなどの検討をすることが大切です。

　税理士の役割は，経営経験の浅い後継者が，全ての関連会社の社長になることの是非を議論するのではなく，関連会社がある場合には，後継者の経営の負担が過大になる可能性を社長に説明して，検討を促すことです。

　そして，その対策方法として，ベテラン役員や，後継者の兄弟姉妹などに関連会社の一部の社長を任せることを選択肢として提示するのも良い方法です。

②　実行手続のサポート

　事業形態に合わせた関連会社のあり方について，計画が立案できた後は，組織再編の部分について，他の専門家と協力しながら，実行のサポートを実施することが大切です。

　事業内容に合わせた会社の合併や会社分割，休眠など不要になっている会社の清算については，その課税関係を説明することが，税理士としては重要な役割ですが，さらに合併・清算の手続については，司法書士と連携

して進める必要があり，顧問先の司法書士がそれらの手続について詳しくなければ，税理士は，自分のブレーンである司法書士と連携して実行することが重要です。

15．M&A（売却）の検討

コンサルティングのポイント

- ☞ M&Aを検討する場合，M&A仲介会社，ファイナンシャル・アドバイザー（FA）に買手企業を探してもらう方法や，自社の取引先・同業他社に譲渡の交渉をする方法がある
- ☞ 売却価額は，社長が考えているよりも低い場合がある
- ☞ 税理士は社長が不利にならないように交渉をバックアップする

▶▶コンサルティングに必要な知識◀◀

後継者候補がいない場合，最終的には第三者への譲渡，つまりM&Aを検討することになります。

ここでは，顧問先が自分の会社を売るケース（売手企業）を前提として，M&Aを実現させる方法について，ご説明します。

♣ M&A仲介会社に依頼する場合

例えば，後継者不在の会社がM&Aを検討する場合，まず，M&Aの仲介会社に依頼することを考えるのが一般的だと思います。

それでは，M&A仲介会社に依頼する場合のメリット・デメリットについてご説明します。

①　M&A仲介会社に依頼するメリット

【買手企業を見つけやすい】

　M&A仲介会社を活用する場合の最大のメリットは，仲介会社に登録されている企業数が膨大であるということです。

　顧問先の社長が，会社を売るしかないと考えても，自分で世の中の会社から買手企業を見つけることは難しいですし，また自分が売りたいと考えた会社があっても，直接実権者に対してアプローチすることは簡単ではありません。

　そこで，M&A仲介会社に依頼すれば，担当のアドバイザーの目線で，買手企業を見つけてくれますし，交渉のテーブルまで用意してくれるので，効率よくゴールにたどり着ける可能性があります。

②　M&A仲介会社に依頼するデメリット

【手数料がかかること】

　M&A仲介会社に依頼する際には，手数料が発生します。

　手数料の種類や水準は仲介会社によって異なりますが，一般に手数料の種類は，着手金，中間金，成功報酬などがあり，成功報酬は譲渡代金の5％程度のことが多く，また，最低報酬額が数千万円と定められている場合があります。

　M&Aの譲渡代金は高額になることが多いため，5％の成功報酬，数千万円の最低報酬額は，小規模な企業がM&Aをする場合には，割高感があると感じる社長もいると思います。買手企業を探してくれることと，手数料が見合うかどうかが判断のポイントです。

【会社や担当アドバイザーごとの得手，不得手があること】

　M&A仲介会社は多数ありますが，会社によって，得意な業種，不得意

な業種が存在することがありますし，また担当者が売手企業の業種に精通している場合と精通していない場合もあります。

　担当者が，売手企業の考えをよく理解した上で，買手企業を選定できるレベルでないと，たくさんの買手企業を紹介される割には，目線が合わず，なかなか相手が見つからないということもあります。

　全ての会社が同じように社長の期待に応えてくれるわけではないということです。

③　M&A仲介会社のスタンス

　基本的にM&A仲介会社は，その名称の通り，『仲介』を行う会社ですので，売手企業，買手企業のどちらかの味方ではありません。

　M&Aの条件において，通常，売手企業，買手企業の要望は相反することが多いものです。わかりやすく言うと，売手企業は高く売りたいですし，買手企業は安く買いたいということです。

　そこで，M&A仲介会社は，双方の条件を満たすように，調整を図っています。

　不動産仲介会社と同様に，M&A仲介会社は，売買を成立させて，手数料を得るビジネスであるため，売買が成立しなければ，手数料収入を得ることはできません。

　そこで，早期の売買成立を目指す場合，譲渡価額を下げることを含め，買手企業にとって良い条件にまとめた方が，仲介成立の実現が高まる可能性もあります。もちろん，これは，あくまでも可能性の話ですが，M&A仲介会社の業務は『仲介』という性質上，売主企業の100％の味方として，M&Aに携わっているわけではないことをご理解いただきたいと思います。

④ 会社の譲渡価額

　M&Aの業界では，定説とされている売手企業の企業価値評価額の算定方法が存在します。

$$時価純資産＋利益の３〜５年分$$

　この計算式に示された『利益の３年から５年』の理論的な根拠は特になく，売手企業・買手企業に説明しやすい業界慣習と言ってよいでしょう。

　この算定方法では，例えば売手企業が製造している商品のブランド等である，のれん代を個別に計算して反映したものではなく，利益の３年〜５年分の中に，大まかに織り込んでいるに過ぎません。

　つまり，この計算に基づくと，譲渡価額は，社長が想像している価額よりも低いことがあるのです。

　ただ，企業価値評価額の考え方はM&A仲介会社によって異なりますので，実際の面談時に確認する必要があります。

♣ M&Aをファイナンシャルアドバイザー（FA）に依頼する場合

　M&A仲介会社に依頼することは，幅広く，買手企業を探すことができるという点では，良い方法です。

　しかし，前述の通り，M&A仲介会社は，売主の100％の味方ではありません。

　そこで，完全に自社の味方になってくれる存在は，ファイナンシャルアドバイザー（FA）です。

　FAは日本では，まだM&A仲介会社ほど浸透していませんので，個人の資産相談に応じるFP（ファイナンシャルプランナー）と勘違いされる方がいますが，これは全く違います。

　FAは，M&Aに関し，売手企業・買手企業のどちらかのアドバイザーで，

M&Aにおける計画の立案から，成約に至るまでの一連の<u>助言業務</u>を行います。

　M&A仲介会社と異なり，売手企業，買手企業のどちらかと契約を締結し，そのどちらかの側に立ち，交渉の役割を担う存在です。

　M&A仲介会社は，売手企業，買手企業のバランスを考慮して，双方の利益を目指しますが，FAは，契約した会社の利益が最大になるように交渉をします。つまり，売手企業の重要なパートナー，味方として，社長の希望をかなえる努力をしてくれるのです。

　売手企業としては，自社の100％の味方に依頼することは，とても心強いということです。

♣ 売手企業の取引先・同業他社への譲渡を検討

　売手企業の価値や実態を良く理解している存在は何かと考えた場合，それは，取引先と同業他社が考えられます。

　会社を売却する社長としては，社員の生活を今後も守ってくれる会社に自社を任せたいと考えることが多いので，買手企業の社長の人と成りを知っていて，相手も自社のことをよく理解しているのであれば，社長として心強いと感じる可能性があります。

　なお，買手企業との交渉においては，買手企業側の弁護士・税理士による財務デューデリジェンスなどが行われ譲渡価格が決定されることになることが多いですが，それは，あくまでも手続面のことであり，M&A仲介会社に依頼して，全く知らない第三者に譲渡することと比較すると社長の精神的負担は小さいと考えられます。

　ただ，取引先や同業他社にM&Aの話を打診すると，業界内にはその情報が洩れて，信用不安になる可能性も否定できないため，信頼できる相手かどうかをよく考えて，アプローチをする必要があります。

▶▶ 税理士の役割 ◀◀

【税理士の役割1】買手企業を見つける方法を説明する

　社長は会社を売却しようと考えたとしても，実際に何から手をつけていいのかわからないことが普通です。

　税理士の役割は，社長の頭に浮かぶのはM&A仲介会社だったとしても，それだけでなく，FA，取引先・同業他社など，買手企業を見つける方法は複数存在することを説明し，社長が希望される方法を選択することです。

【税理士の役割2】M&A仲介会社やFAの事前リサーチをする

　M&A仲介会社やFAは，複数の会社を比較して選ぶことが好ましいものです。

　上述のように，会社の方針の違いや担当アドバイザーごとの得手，不得手だけでなく，社長と担当者との相性も意外に重要な要素になります。

　税理士の役割は，顧問先にM&Aのニーズがある場合，まず税理士単独でM&A仲介会社やFAと面談し，色々な観点から比較を行うことです。

　比較するポイントは，実績，手数料，企業価値評価の方法，担当者のレベル感，顧客に対する対応や社風です。

　これを調査し，さまざまな項目で，『採点表』を作り，その結果を社長に伝えた上で，面談に進むと社長の違和感が小さくなり，効率よく進めることができます。

　また，税理士は今後の顧問先のM&Aに備えて，感触が良いと思った仲介会社とは，場合によっては，提携を結ぶことを検討しても良いでしょう。提携契約によっては，M&Aの成立により，税理士に紹介料が発生することがあります。

　ただ，税理士は紹介料を目指して行動するのではなく，あくまでも顧問

先のために，M&Aのサポートをすることがコンサルティングの重要な立ち位置です。

【税理士の役割３】M&A仲介会社やFAに丸投げにせずサポートする

　社長にとって，M&A仲介会社やFAと面談し，会社を売ることは，基本的には初めての経験です。ですから，社長が単独でM&A仲介会社やFAと交渉するのは，非常にハードルが高いものです。

　売却の交渉で不利にならないためには，第三者のバックアップが必要であり，それを担うことが税理士の重要な役割と考えてください。

　M&A仲介会社やFAにお任せするのではなく，面談には必ず税理士が同席して，社長の味方としてサポートすることが大切です。

　このようなサポートにより，社長から，大きな感謝をされることでしょう。

【税理士の役割４】譲渡価額の交渉をする

　交渉のサポートの中で，最も重要な会社の譲渡価格について，社長が数値的な根拠をもって説明することは難しいものです。

　税理士の重要な役割は，前述のようなM&A業界における企業価値評価の定型的な計算式から導き出された譲渡価額で，一方的に押し切られないようにすることです。

　M&A仲介会社の担当者は，譲渡価格が単純な計算式にあてはめたものに収まると買手企業を納得させやすいので，価格交渉の余地はないという態度をとるケースがありますが，税理士は，会社の『のれん代』や今後の事業計画をもとに会社の評価額を算定し，数値的な根拠を持って，M&A仲介会社の担当者と交渉することが大切です。これが，日頃から顧問先のことをよく理解している税理士の腕の見せ所です。

188

 事例：企業価値評価の定型的な計算式に納得せず，譲渡価額の交渉
をしたケース

　ある製造業の会社は，いつも品切れになってしまうほどの人気商品を
作って業績好調でしたが，企業規模が小さく人材も不足していたために自
社では生産設備の増設を行えず，これ以上の売上増加は見込めない状況に
ありました。

　そして，その会社は，後継者がいないため，会社を売却することになり，
大きな生産設備を持った同業の上場企業と交渉に入りました。

　M&A仲介会社が提示した譲渡価額は，前述の売手企業の企業価値評価
額の定型的な計算式によるものだったので，顧問先の社長は全く納得しま
せんでした。

　そこで，私は，買手企業の生産能力には余裕があるため，買収後は今よ
りも増産をはかれて売上が増加する，つまり，売手企業の「ブランド」に
より買手企業が買収により享受できるメリットは，売手企業の現在の利益
よりも高くなるはずであるというロジックで買手と交渉しました。

　買手企業は売手企業の「ブランド」をどうしても手にいれたかったこと
もあり，弊社の説明を理解した上で歩み寄りました。

　最終的には，譲渡価額が前述の定型的な計算式で導き出された価額より
も高い水準になり，社長は満足されM&Aは成立しました。

 事例のポイント

　売手企業の企業価値評価額の計算式は，理論的な根拠は特になく，売手
企業・買手企業に説明しやすい業界慣習にすぎないため，税理士は，こう
したM&Aの業界慣習に押し切られずに，根拠を持って価額交渉をするこ
とが大切であるということです。

　顧問税理士は，日頃から，会社の財務諸表を扱っているので，この部分

で力を発揮することが期待されます。

【税理士の役割5】社長の心情に寄り添う

　M&Aの際に，社長のお気持ちは複雑に揺れ動くものです。手塩にかけて大きくした会社を手放す寂しさや，従業員の生活が守られるかどうかの不安，そして譲渡することによって，大金を得ることについての世間からの目など，さまざまな想いが去来します。

　また，譲渡価額の交渉をしている際に，自分の会社を低く評価された場合には，足元を見られていると感じ，非常に腹立たしい気持ちになることはご想像いただけると思います。

　税理士は，そのように，社長の気持ちが大きく揺れ動いていることを良く理解し，その時々に応じて，社長の気持ちを 慮 って，声を掛けるなどの対応が重要で，社長のよき理解者になっていただきたいと思います。

第Ⅲ章のまとめ

　さて，ここまで，事業承継対策で検討すべき15項目について，ご説明しました。ボリュームが多かったので，あらためて，一覧表をお示しします。

　この15項目の対策を，社長とディスカッションしながら，解決していくことで，事業承継対策が完了します。

　これまで，事業承継に関する税務対策だけを行ってこられた場合には，このノウハウを身につければ，かなり守備範囲が広くなり，社長に満足いただける事業承継対策が行えると思います。

　親族との交渉など，未経験の場合には，大変かもしれませんが，守備範

囲が広くなること＝コンサルティング報酬の根拠でもありますので，頑張ってください。

【事業承継対策で検討すべき15項目】（再掲）

対象		検討項目
すべての企業	1	後継者の選定
	2	後継者の育成方法
	3	経営体制の構築
	4	株主構成の検討
	5	経営と自社株を渡す時期の検討
	6	社長交代についての関係者の理解
	7	自社株の承継の実行に関する方法の検討
	8	株価対策の検討
	9	正確なバランスシートの引継と資産内容の見直し
	10	各種社内規程の整備
	11	社長がリタイアする際に必要な資金
	12	自社株を含めた個人財産の承継
一部の企業	13	兄弟経営についての検討
	14	関連会社のあり方の見直し
	15	M&A（売却）の検討

第Ⅳ章

コンサルティングのスタート

第Ⅲ章では，事業承継対策で検討すべき15項目のコンサルティング方法についての説明と，税理士の役割についてご説明しました。

知識の部分は，繰り返し読んで，覚えていただくことが必要ですが，知識だけあっても，社長に事業承継の話をすることはできません。

第Ⅳ章では，実際に，社長に事業承継の話をして，コンサルティングを進める方法についてご説明します。

コンサルティング実行時の心構え

❖ 自分自身をコンサルタントであると認識する

税理士は，事業承継コンサルティングを行う前は，顧問先企業との関わり方は，「顧問税理士」としての立場だったので，会社の税務申告を目的とした，契約であると思います。

しかし，事業承継コンサルティングを行うということは，税務の領域にとどまらず，コンサルタントとして，会社全体のアドバイスをすることになります。

これは，顧問先をさまざまな角度で総合的に分析し，事業承継対策に必要で，会社の存続・発展に寄与することは，全て行うということです。

税理士は，自分自身を『事業承継コンサルタント』であると認識し，税理士業務のみを行ってきたこれまでの自分とは，気持ちを切り替えて，アドバイスを行う必要があります。

♣「貴方に任せる」と，信頼されることを目指す

事業承継対策で，さまざまな検討項目について，社長が決断を下すことは簡単ではありません。

つまり，対策検討の要素が多く，各々の要素が関連しているため，検討が進むと，何を選択すべきなのかわからなくなって，投げ出したくなる社長もいます。特に高齢の社長には，その傾向があります。

そんな状態の時，私の経験では，社長から，「貴方に任せるから，一番良い方法でやってくれ！」と言われることがあります。

実際に，コンサルタントが対策方法の決定するわけではありませんが，貴方に任せると言われるくらい信頼されることはコンサルティングにおいて重要です。

その状況に達するためには，次のことが必要です。

①社長の心情をよく理解して，一番の理解者になっていること

②自分の利益でなく，会社の将来を一緒に考えて事業承継対策をしていると社長に認識されること

③税理士，コンサルタントとしてだけでなく，人として信頼されること

事業承継対策の知識・経験を増やし，心の底から，顧問先の事業承継対策の成功を願って，真剣な取り組みを継続すると，顧問先からこのような信頼を得ることができます。

♣ 最終的には社長が判断する必要があることを確認する

①　社長への意思確認

　「貴方に任せるから，一番良い方法でやってくれ！」と言われるくらいに信頼されることを目指すとご説明しましたが，これは，税理士が最終決定をするということではありません。あくまでも，色々な選択肢についての最終判断は社長がすることです。この点，繰り返しになりますが，重要なことですので，強調いたします。

　事業承継対策の方法はひとつではありません。また税務に関していえば，税制改正は毎年実施されており，制度が変更になる可能性があるため，いま，選択した方法が，本当に正しい選択であるかということを現時点で判断することはできません。

　したがって，税理士は，現状で考え得る選択肢を全て説明した上で，将来のリスクについてもきちんと説明し，最終的には，社長の自己責任で方法を決めていただく必要があることを確認し，ご納得いただくことが重要です。

②　意思確認結果を書面に残す

　社長が選択した方法について，実行の前にメリット・デメリットと最終的な選択理由を書面にして渡しておきましょう。時間が経過すると，選択した理由を忘れてしまいますし，デメリットをきちんと説明していても，聞いていなかったと言われることがあるからです。

　これをきちんと行っておけば，「先生が言う通りにやったのに…」という状況は回避することができますし，将来，後継者に対しても事業承継対策の検討プロセスを示せるので有効な方法です。

コンサルティング実行における税理士のスタンス
～事業承継対策は，税理士が積極的・主体的に行うものです～

　それでは，従来から取り組んでこられた税理士業務にとどまらず，事業承継コンサルティングを行う場合の税理士のスタンスについて説明します。

コンサルティング実行における税理士のスタンス

☞ 事業承継対策全般をリードする

☞ 事業承継対策チームのコーディネーターになる

☞ 必要なことは全て，社長に代わってリサーチする

♣ 事業承継対策の進行をリードする

①　社長の検討状況を定期的に確認して，対策を進める

　事業承継対策の検討項目の中には，社長に簡単には決定できない選択をしていただくケースがたくさんありますので，事業承継対策の方法を提案しても，すぐに決断できないことが大半です。

　もちろん，社長には，時間をかけて検討していただくべきなのですが，検討中としながら，社長は，実は何も検討していなかったという状況に陥ることもあります。

　事業承継対策は必要だと思いながらも，自分自身が辞めることの対策はしたくないという気持ちが強いのはやむを得ないと考えてください。

　税理士は，そんなお気持ちをご理解して差し上げる必要はありますが，とはいえ，そのまま待っているだけでは，事業承継対策は進みませんし，社長も提案された内容や，自分で何かを選択をしなくてはならないことを忘れてしまうものです。

　税理士は，提案してから<u>最低でも1か月後には</u>，社長に対して検討状況を確認して，対策を進めていく必要があります。

　もちろん，考えたくない社長に対して，検討状況を確認するのですから，厳しくチェックするのではなく，子供に「宿題は終わった？」と聞く感覚で，「ご提案させていただいた内容について，結論を出すのは，簡単ではないと思いますが，ご検討状況はいかがでしょうか？」と優しく確認していただくのが，ちょうど良い方法です。

　事業承継を終えるまでに，検討しなければならない項目の実現と，そのスケジュール管理をすることは税理士の役割です。

　<u>社長のペースに任せて，対策が進まないということにならないように，進捗を管理する</u>ことは，重要です。

②　社長の考えを想像して方向性を示す

　事業承継セミナーや書籍において，「事業承継対策の話をする時に社長の気持ちに寄り添ったアドバイスを心がけましょう」という表現を見かけることがあります。

　しかし，<u>社長は自分の本当の気持ちに気がついていないことが多いため</u>，『社長の気持ちに寄り添う』だけでは，何も進まない場合があります。

　税理士は，社長が本当はどうしたいのか？　という社長の気持ちの深い部分を想像し，自分自身が社長になった気持ちで，ディスカッションを重ね，進むべき方向を明らかにすることが必要です。

　こうしたやりとりで，社長は自分自身がどのような事業承継を行いたいのかということに気がつくことがあります。

　親族は，自分自身の立場や考えもあり，社長の立場に立って考えることはなかなかできないものであり，その役割を担えるのは税理士しかいません。

　また，そのようなディスカッションを繰り返すことにより，社長は税理士に，より一層の信頼感を抱くことになります。時間はかかりますが，重要なポイントです。

♣ 税理士が事業承継対策チームのコーディネーターになる

　事業承継対策は，税務，法律をメインとして，それ以外にもさまざまな専門知識を持った専門家が対応しなければ，完結できるものではありません。

　したがって，各社の対策ニーズや，状況に応じて複数の専門家が協力して解決する必要があります。

　税理士は，複数の専門家が必要であるという前提で，対策チームをコーディネイトして，チームを運営する役割が求められます。

a．チームの組成に必要なブレーンの確保

一般的に，事業承継対策に必要なブレーンを，次の表にまとめました。

必要なブレーン	必要なスキル（選択のポイント）
弁護士	・会社法，民法の知識
司法書士	・相続関連手続 ・民法特例など事業承継関連の手続
社労士	・社内規程の見直し等，法人関連の業務
銀行	・事業承継関連の融資方法 ・グループ会社を活用した商品の提供（リース，不動産，保険等） ・M&Aのサポート
大手税理士法人	・納税猶予制度や作業量が膨大な業務への対応
M&A仲介会社/FA	・M&Aのサポート
不動産業者	・不動産物件の紹介（不稼働資産の処分等の対応ができればなお，良い）
生命保険会社	・相続関連で活用できる商品の紹介

※一覧表の中の銀行は通常，税理士がブレーンとして確保するものではなく，顧問先の取引銀行であることが一般的ですが，事業承継対策上は，必要になることが多いので，ブレーンとして記載しています。

専門家は専門領域に違いがあり，また専門家の事務所の規模によっても対応可能な案件が異なりますので，同業でも複数のブレーンを確保することは重要です。

そして，表の中に同業である『大手税理士法人』があることに違和感を覚える方もいるかもしれませんが，これは，同じ税理士であっても，作業量が多いものや，手続が複雑なものは，大手に任せた方が効率は良いとい

う理由で記載しています。

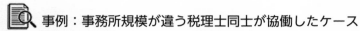

事例：事務所規模が違う税理士同士が協働したケース

　実際の弊社の顧問先の例ですが，不動産を100物件以上も所有している会社があり，その会社の株価算定を行うことと，納税猶予制度のように，手続が非常に煩雑で，かつ長期間にわたって対応をしなくてはならないものは，小規模な税理士事務所での対応は簡単ではなく，弊社と顧問先の社長と顧問税理士との話し合いの上で，大手税理士法人に依頼したことがあります。

　顧問税理士はご高齢であり，事務所は少人数で経営されていたため，作業負担の大きさに耐えられないと判断され，大手税理士法人が対応されることに納得されました。

　その後，顧問税理士と大手税理士法人は，何の問題もなく，良い協力関係にあります。

　顧問先によりよい対応をするためには，同業とはいえ，業務のボリュームなどで割り切って大手の税理士法人と提携し，事業承継対策チームとして協働することが，重要だということです。特に，納税猶予制度については，個人経営の税理士事務所が大手税理士法人と提携している例は，多数あります。

　なお，事業承継対策の案件の進捗の都度，これらの専門家を探すことは大変なので，あらかじめリサーチして，いつでも対応していただけるように準備しておくとスムーズです。

b．税理士が案件の進捗を管理する

　税理士は，他の専門家に，その専門領域に従って対応を行っていただく間，他の専門家にお任せして，のんびりしているわけにはいきません。

　そもそも，スポットのご契約で対応しているさまざまな専門家が，税理士の考えているように対応をしてくれるのかどうか不安はありますし，社長が親密でない専門家とうまくやれるのかということも心配です。

　したがって，他の専門家に依頼した後も，税理士は，社長と他の専門家の面談には全て同席し，案件の対応状況を管理する必要があるということです。

ｃ．取引銀行への対応

　専門家が銀行の場合には，税理士のブレーンではなく，顧問先の取引銀行であることが大半ですので，税理士自身が親密ではない銀行と協働するためには，銀行の事業承継に対する考え方，融資の仕組みやスタンスを理解することが必要です。

　それでは，銀行への対応方法についてご説明をします。

【銀行の事業承継に伴う融資に対する考え方と対応】

　事業承継において，銀行が自社株の移転にかかる融資の検討をする場合，次の２つのポイントがあります。

---

①事業承継全体を通じた資金調達計画と返済能力
②税務面で問題のないスキームであるかどうか

　事業承継にかかる資金は，自社株の移転，社長の退職金や相続人からの自社株の買取資金など，さまざまものがあり，銀行としては，それらの融資について個別に検討をするだけではなく，事業承継全体を通した資金調達計画を把握した上で，融資の可否を検討することになります。

　具体的には，退職金の額と支給時期，自社株の評価額や移転方法，移転

にかかる税金や買取資金などの資金調達をどのように行うのかという点を確認し，今後の財務内容への影響と融資の返済能力について検討します。

銀行は，これらの情報から，その時に申し込まれた事業承継関連の融資だけでなく，すでに融資している資金が今後もきちんと返済されるのかどうかの判断と，後継者にバトンタッチした後に新規の融資申し込みがあった場合の対応方法まで，視野に入れて総合的に判断します。

また，銀行は税務リスクのあるスキームに対する融資には慎重な姿勢なので，この点の検証も詳細に行われ，銀行によっては，自行の顧問税理士に税務リスクについて確認し，意見書を書いてもらうケースもあります。

したがって，事業承継対策の実行において，銀行との面談はとても重要なものですが，事業承継対策のプランを社長から銀行に説明することはかなり難しいものです。

特に，事業承継計画の全体像と税務面については，税理士が同席して説明すると，銀行にとってもわかりやすく，社長がご説明されるよりも正確に判断してもらえることになり，とても効果が大きいといえます。

なお，余談ですが，社長の面談に税理士が同席することの付随的な効果も期待できます。税理士は銀行と親密になり，銀行の融資スタンスを理解し，今後のスキームの検討に役立つ情報を得ることができますし，さらに銀行から顧客紹介等の案件が発生することもあります。

したがって，日頃から，銀行と親密になっておくと，税理士のビジネスチャンスも広がる可能性があるということです。

♣ 必要なことは全て，社長に代わってリサーチする

事業承継対策の進展度合いによっては，弁護士，社労士などの専門家に

依頼するだけではなく，対策の内容に応じて外部のさまざまな会社を活用する場合があります。

　例えば，後継者を支える人材を補強するための人材紹介会社や，経理・財務システムの改善のために，会計系のシステム開発会社等，次世代の経営体制を整備するために，色々な業務をサポートする会社が必要になることがあります。

　顧問先の社長や社員が，どの会社が良いのかをリサーチすることができる余裕があれば良いのですが，未上場企業の場合，その時間が割けなかったり，人材の余裕がないことも多いものです。

　そのような状態で，顧問先の社長に，「人材紹介会社やシステム開発会社が必要なので，自社で探してください」と言っても，何も進んでいかない可能性があります。

　税理士も，日頃からそれらの会社と関係を構築しておくことは難しいので，サポートを行う会社が必要になった都度，会社に代わって，外部の会社をリサーチして，その状況を社長にお伝えすると，事業承継対策の進捗のスピードが早くなりますし，社長にも感謝されることになります。

🔍 事例：社長に代わって人材紹介会社のリサーチを行ったケース

　創業社長から二代目にバトンタッチする準備をしている会社がありました。

　設立当初，創業社長と4人でスタートした会社は，社長と役員の良い連携のもと，会社は発展していきました。

　創業メンバーは，三度の飯よりも仕事が好きという人たちだったので，業績は進展しましたが，その一方で，部下を育成することには，あまり熱心でなかったため，いつまでも後任が育たずにいました。

　そうこうしている間に，役員も歳を重ねて，リタイアの時期が見えてき

た頃，人材が育っていないことに不安を感じ始め，外部からの中途採用を検討しましたが，これまで，あまり積極的に中途採用活動を行っていませんでしたし，そもそも，人材紹介会社の良し悪しを比較したことがありませんでしたので，かなり，困難なことにチャレンジすることになりました。

　まず，今後の本格的な中途採用のために，複数の人材紹介会社を比較しようということになりましたが，役員達は，これまで部下に対して積極的に権限委譲を行っていなかったために，社員の中に中途採用関連の業務を行う適任者がおらず，誰もがそれを行うことに不安を感じていました。

　そこで，私が人材紹介会社と面談し，複数の人材会社のリサーチを行い，顧問先に各々の会社の特長や，その会社のニーズに合うかどうかなどを報告しました。

　具体的には，必要な人材の職種・年齢などの条件を人材紹介会社に提示し，その会社のエリア内で採用の対象になる人材数のデータを求めた結果や，面談で感じられた社風，担当者の印象を採点表にして，社長にレポートしました。

　そのレポートをもとに，顧問先が人材紹介会社を選択し，中途採用活動が活発化することになりました。

　社長からは，自社で人材紹介会社に個別にコンタクトをとって比較することは，大変だと考えていたので，私が対応したことで，大幅な時間短縮ができたということと，このような仕事の取組み方について社員にとっては良い勉強になったというお言葉をいただきました。

　税理士が，ここまでの業務を行うのかとお考えの方もいらっしゃるかもしれませんが，これは前述の通り，従来の税理士業務ではなく，コンサルティング業務です。

　そこまでやる必要があるのかという考えではなく，より良い事業承継の完成のためには，できることは何でもするという考えで，コンサルティン

グを行うことが大切です。

社長に事業承継対策のスタートを促す

❖ きっかけをつくるのは親族ではなく，第三者である税理士

　親族が社長に対して事業承継の話をすると，社長から怒られたりすることもあり，なかなか検討が進まないものですので，第三者である税理士が事業承継対策のスタートのきっかけを作ることが大切です。

　社長に対して，事業承継の話を切り出すことは勇気がいるかもしれませんが，税理士が社長に対して，事業承継対策のテーマで話を投げかけると，社長は怒るのではなく，<u>たくさん話をしてくださる可能性もある</u>と考えてください。

　なぜなら，社長は，本当は事業承継について不安があり，親族以外の誰かには，相談したくてうずうずしている状態にあることが多いからです。

　<u>税理士が社長に事業承継の話を切り出すことは，会社の存続・発展，さらに社員，親族の幸せを実現するための大きな第一歩を踏み出すという重要な役割を果たすことになる</u>ので，勇気をもって行ってください。

　ただ，社長が事業承継対策の悩みを税理士に打ち明けるかどうかは，税理士への信頼感にもよるので，日頃の社長とのやりとりと税理士の事業承継に関する知識が大きなポイントになります。

❖ 事業承継対策のスタートを納得させる方法

ａ．事業承継対策をしなかった時の問題点を指摘する

　それでは，顧問先の社長に事業承継対策のスタートを促す場面を想像してください。

　税理士の役割は，事業承継のことを考えたくない社長の心情を理解しつつ，『事業承継対策をしなかったら大変なことになってしまう』ということについて，社長に対してリアリティを持って説明することです。

> 【事業承継対策をしなかった時の問題点】
> 　①自分の代わりに会社を担う後継者が育たない
> 　②心に決めた後継者にバトンタッチできない
> 　③自社株にかかる相続税の納税資金が確保できない
> 　④自社株を含めた遺産分割で親族がもめる可能性がある

　社長にとっては，苦労して大きく育てた会社が，さらに存続・発展することが一番の望みです。

　したがって，事業承継対策をせずに，いざリタイアする時になって後継者が育っていなかったり，複数の後継者候補がいる状況で後継者指名をせずに亡くなってしまった場合には，社長のイスを巡っての争い，いわゆる跡目争いにもなりかねず，会社の存続は危ぶまれることになり，社長の望みは叶えられません。

　そして，自社株を個人財産として考えた場合の納税資金の捻出や遺産分割対策を計画的に行っていなければ，親族がもめることになります。

　税理士が，これら①から④の問題点をお話しされると，社長としては，「事業承継対策をしなければ大変だ。わがままを言っている場合ではない」と心の中では思っていただけるはずです。

　心の中ではという意味は，事業承継対策をしないことの問題点を感じたとしても，社長がすぐに行動を起こすとは限らないということです。

　実際に社長が事業承継対策を始めるためには，**税理士の説明が，現実問題として，どれだけ社長の心に突き刺さるかということは重要なポイント**

です。

ｂ．事業承継対策に必要な期間を説明する

　事業承継対策を万全に行うためには，一定の期間が必要です。

　第Ⅲ章でご説明した通り，事業承継対策には，後継者の選定・育成に始まり，さまざまな検討事項がありますので，最低でも5年は必要で，10年あれば，余裕を持って検討することができます。

　税理士の役割は，対策に必要な期間を考慮してスタート時期を考える必要性があることと，『まだまだ経営していたいから』という理由で，事業承継対策のスタートを先送りにしてはいけないことを社長に対して説明することです。

　仮に65歳をバトンタッチの年齢と考えた場合，5～10年遡った55歳～60歳くらいに事業承継対策の検討を開始することが好ましいといえます。

　50歳代と言えば，まだまだ現役でバリバリ働く年齢なので，事業承継対策を開始するのは早いと感じる方もいるかもしれませんが，実際に，弊社の顧問先でも，社長が50歳代から事業承継対策をスタートされている会社が複数あり，実際のリタイア時期は未定ですが，どのような方法が検討できるのかということを，余裕をもってじっくりとディスカッションしています。

　事業承継対策の検討は，一定の期間が必要なので，十分な対策時間を持たずに，社長が亡くなってしまい，きちんとした準備がないままの事業承継だけは避けなくてはならないということを，社長にご理解いただきましょう。

　なお，社長が，事業承継対策の検討をスタートされない場合には，前述の『事業承継対策をしなかった時の問題点』の説明を繰り返していただいて，社長の背中を継続的に押していくことです。

　ただ，頻繁に催促をしつづけると，社長を追い込むようになってしまいますので，社長がやめたくないお気持ちを察し，顔色を見ながら，やさしく誘導して差し上げましょう。

コンサルティング契約の締結は必須事項

♣ コンサルティング契約締結の意義

　社長が事業承継対策の検討をすることに納得されたら，コンサルティングをスタートすることになります。

　既に税理士業務の顧問契約がある場合でも，事業承継対策のコンサルティング業務を行うのに際し，コンサルティング内容を織り込んだ契約書を別途締結し，今までの税務顧問の業務に加えて，事業承継コンサルティング業務を行うことを明確にしてください。

　契約書の締結により，報酬をいただく根拠とコンサルティングを行う範囲を双方が確認することは，齟齬が生じないためにも重要なステップです。また，業務を明確にしているので，後々，業務範囲が広がった場合には，報酬アップについても説明がしやすくなるという利点があります。

　既に，会社との税務顧問契約があるので事業承継コンサルティングの契約を結ばずにコンサルティングを行う場合には，顧問先から『なあなあ』で依頼されることに，無報酬で対応しなければならず，これは回避したいものです。

　正当な報酬をいただいて，それに見合ったコンサルティングを行うことを目指しましょう。

♣ 提供できるコンサルティングメニューの提示

　税理士は，コンサルティング契約を締結する前提として，どのようなコンサルティングを行うのかということを社長に説明する必要があります。

　なぜなら，社長としては，税理士が自分の希望に合う内容のコンサルティングを行ってくれるのかどうかがわからず，また，コンサルティングの報酬が高いのか安いのかも判断できないので，簡単にコンサルティング契約をすることは難しいからです。

　税理士は，まず，自分自身が提供できるサービスを明らかにしたコンサルティングメニューを提示して，事業承継対策で取り組むことを具体的に社長と検討することが必要です。

　コンサルティングは，「社長のニーズに合わせて行う」ことが基本ではありますが，コンサルティングのスタート時点において，事業承継の全体像を理解して，事業承継をどのように行いたいのか説明できる社長は多くないので，コンサルティングメニューをたたき台にして，社長のお考えをヒアリングしながら，進めていくことになります。

　コンサルティング内容を明確にしておくと，社長から税理士への期待感と実際に行われるコンサルティング内容とのギャップがなくなります。

　コンサルティング内容は，第Ⅲ章を参考にして，ご自身が対応可能なものを選択し，苦手なものはカットしてください。

　例えば，後継者の選定に税理士としての見解を述べることや，社長の親族にリタイアを促す交渉が苦手だと考える方は，無理にその項目を設ける必要はありません。

■事業承継コンサルティングメニューのサンプル

	コンサルティング項目	具体的な対応方法
1	後継者の選定	後継者候補と面談をしながら，選定のサポート
2	後継者の育成方法	後継者に伝えるノウハウの整理や税務・法律の知識習得のサポート
3	経営体制の構築	取締役構成の再構築。それに伴う，親族役員のリタイア交渉
4	株主構成の検討	後継者のスムーズな経営をサポートする株主構成の再構築
5	経営と自社株を渡す時期の検討	経営と自社株を渡す最適な時期のご提案
6	社長交代についての関係者の理解	社内外に対し，後継者が人間関係を構築する方法のご提案
7	自社株の承継の実行に関する方法の検討	自社株の承継方法の選択のご提案
8	株価対策の検討	税務リスクのない株価対策のご提案
9	正確なバランスシートの引継と資産内容の見直し	実態バランスシートの作成と，資産見直しのサポート
10	各種社内規程の整備	時代に合った社内規程の見直し
11	社長がリタイアする際に必要な資金	必要な資金の算定と資金計画のご提案
12	自社株を含めた個人財産の承継	後継者の支配権確保を中心とした個人財産の承継サポート
13	兄弟経営についての検討	円満な兄弟経営の実現に関するサポート
14	関連会社のあり方の見直し	次世代の経営に向けた関連会社体制見直しのご提案
15	M&A(売却) の検討	M&Aの方法と交渉のサポート

♣ コンサルティング契約は，成功報酬型か？　月額報酬型か？

　大手税理士法人などの事業承継専門セクションの場合には，事業承継対策のコンサルティング契約を行う場合には，成功報酬型が多いと思われます。

　それは，コンサルティング内容に『経営の承継』は含まれず，主に自社株の承継など単にテクニカルな問題の対応が多く，短期間に完結する可能性が高いので成功報酬型が合っているということだと思います。

　しかし，経営の承継のコンサルティングを行う場合，後継者の選定や育成，社内の体制の整備など，検討項目は多岐にわたるため，かなりの時間がかかります。

　そして，何よりも社長が各々の選択について考える時間が必要であり，短期間の成功報酬型では，社長の決断を焦らせることになってしまい，好ましいとはいえないでしょう。

　また，成功報酬型の場合，コンサルティングの期間が長くなると，税理士は，なかなか報酬が貰えないため，じっくりと社長の決断を待つことが難しくなるかもしれません。

　その観点からすると，社長，税理士とも時間をかけて，じっくりと事業承継対策に取り組むためには，月額報酬型の方が，取り組みやすいといえます。もちろん，どちらが正しいということではありませんので，2つの方法の特徴を考えて，ご自身に合う方法を選択してください。

第 **V** 章

第 **V** 章
コンサルティングの具体的アクション

提案に必要な情報の入手と整理

♣ 社長の考えをヒアリングする

① 会社の発展の歴史や社長の会社に対する想いを伺う

事業承継の提案をするためには，会社のことを深く知る必要があります。

そのために，事業承継の提案をする前に，まずは，会社が発展してきた<u>経緯，経営理念，経営に関する社長の信条，今後，会社をどのように発展させたいか，何を後継者に託したいかということ</u>を質問してください。

イメージとしては，日経新聞で経営者の歴史が連載されている『私の履歴書』のような内容を社長から伺うのです。

通常，社長の苦労話は，社員に聞いてもらえることは少ないので，税理士が水を向ければ，社長はとめどなくお話をされることが多いと思います。

私の経験では，このヒアリングには，通常2〜3時間かかりますが，これらのお話は今後，事業承継対策のプランニングをする上で，非常に有効な材料になります。

なぜなら，事業承継のプランニングに際しては，社長のお考えを理解していなければ，社長が満足される提案ができないからです。

　会社の歴史と社長の会社に対する『想い』を確認する。そのことによって，社長の思考の方向性が理解できて，今後のプランニングの際に，社長のお考えが想定しやすくなるということです。

②　社長の事業承継に関する方針を伺う

　事業承継対策は，後継者の選定，リタイアの時期，自社株を渡す相手などさまざまな検討項目があります。

　しかし，事業承継対策検討の初期段階で，それらのことをひとつひとつ確認しても，明解な回答があることは多くありません。そこで，漠然とした回答でも構わないので，最低でも下記の項目を社長からヒアリングして，それを基に今後の提案に組み入れましょう。

```
【ヒアリング必須項目】
 a．後継者は誰か
 b．バトンタッチする年齢
 c．社長が完全なリタイアを考えている年齢
```

　バトンタッチする年齢や，社長の完全リタイアについては，最初から明確に回答される社長は少ないですが，この質問は，おおまかな時期やイメージだけでも確認するという意味と，また，社長には，バトンタッチやリタイア時期を考えなくてはならないということを理解していただくという意味があります。

♣ プランニングに必要なデータの入手と情報整理

　コンサルティングでは，正確な情報がなければ，判断を誤ってしまいますし，情報入手のタイミングが遅いと，一度検討したプランを再検討しな

くてはならなくなります。

　したがって，コンサルティングのスタート時点で，すぐに必要なデータを入手しなくてはなりません。

プランニングに必要なデータ	
①	財務諸表（決算書）と不動産，有価証券の明細
②	株主名簿
③	社長親族の続柄・年齢情報と役員名簿
④	社長・後継者等の親族の年齢情報
⑤	事業計画
⑥	関連会社の情報（決算書，株主名簿，役員名簿）
⑦	社長の個人資産，負債の情報
⑧	社長が事業承継において問題点と認識していることの確認

　上の①～⑧はコンサルティングに必要な情報で，これから，その情報を入手するための目的も含めて列挙します。

　顧問税理士の場合，既に入手済のものもあるかと思いますが，内容を再確認していただく意味でも，全て記載しました。

①　財務諸表（決算書）と不動産，有価証券の明細

　この資料を入手した後の重要な取り組みとしては，株価算定であり，自社株の移転にかかる納税資金や後継者の自社株購入資金の額を検討します。

　ただ，それだけではなく，財務諸表には重要な情報が満載であり，第Ⅲ章の『9．正確なバランスシートの引継と資産内容の見直し』にも活用することができます。

資産，負債，売上，支払，寄付の内容など，これまで税理士としては，数値データとしてのみ認識していたものを，**どのようなモノを誰から仕入れ，それが誰に販売されているのかというビジネスの潮流を理解すること**が大切で，その内容の理解から，コンサルティングを行うべきことが発見できることがあります。

P.146の事例でご説明した，顧問先の山林売却は，私が財務諸表を精査している時に不稼働資産として山林を確認したことをきっかけに取り組んだものです。

ほかにも，財務諸表の内容から色々な情報を掴むことができます。

例えば多額の寄付をしている会社に対しては，寄付の節税効果の仕組みや社会貢献度とバランスの考え方，そして，その他の社会貢献活動の方法として，財団法人の設立や基金などについて，アドバイスをすることができる可能性があります。財務諸表は，隅から隅まで分析を行うことが大切です。

②　株主名簿

株主構成図を作成するために株主名簿を入手する必要があります。

それにより，現在の支配権の状況確認を行うとともに，後継者が支配権を確保するための具体的な方法を検討します。

③　社長親族の続柄・年齢情報と役員名簿

事業承継に関係する人を確認するために，社長親族の続柄・年齢情報と役員名簿を入手します。

家系図を作成し，役員に該当する人は，その情報も織り込みます。そして，その資料から下記の内容を検討します。

a．社長親族における後継者候補の確認

　後継者候補者と後継者にならない兄弟・従兄弟がいるのかどうかを確認します。

b．親族の会社における位置づけの確認

　親族役員のポジションにより，事業承継に関する影響を把握するとともに，リタイアが予想される役員を確認します。

c．親族関係の理解

　社長と親密な親族や敵対している親族の状況，親族の中での重要な人物を把握します。

　社長の親族は必ずしも社長の味方ではありませんので，今後の自社株の買取交渉などに必要な重要情報になります。

d．相続人の把握

　相続人が複数の場合には，自社株も遺産分割の対象として，検討しなくてはならないため，この情報が必要になります。

④　社長・後継者等の親族の年齢情報

　社長年齢，後継者年齢情報を入手し，年齢の比較推移表を作成します。

　事業承継のタイミングは，社長が簡単に決められるものではありませんが，社長と後継者候補の年齢を比較する表を作成すると，ある程度，現実的なタイミングが見えてくるものです。

例【社長・後継者候補の年齢比較表】

	2023年	2024年	2025年	2026年	2027年	2028年	2029年	2030年	2031年
社長	62歳	63歳	64歳	65歳	66歳	67歳	68歳	69歳	70歳
後継者候補	28歳	29歳	30歳	31歳	32歳	33歳	34歳	35歳	36歳

この例で，後継者候補は，2023年時点で28歳と，社長に就任するのには少し若いと考える場合がありますが，2030年には35歳になり，一般的には後継者としては問題のない年齢に到達し，かつ，その時点では社長が69歳になり，リタイアする経営者が多い年齢になることがわかります。

　もちろん，年齢だけで決めるものではありませんが，社長と後継者候補の年齢情報を入手して，比較すると，事業承継のタイミングを検討する場合，状況がイメージしやすくなります。

⑤　事業計画

　業績予測，新規プロジェクトや事業投資などが織り込まれた中長期の事業計画を入手し，株価動向を予測して自社株を渡すタイミングを検討したり，社長のリタイア可能時期の判断材料とします。

　経営上，大規模な設備投資など，重要な事業施策が発生する時期や，業績が芳しくない時期には，事業承継をすべきではなく，長期の事業計画を入手して，事業承継の時期を検討する必要があります。

　また，事業計画は定期的に入手して，事業承継のプランニングもそれに合わせて修正することが良いでしょう。

⑥　関連会社の情報（決算書，株主名簿，役員名簿）

　事業承継に際し，子会社・関連各企業の存続，合併などを検討する必要があるため，今後の経営方針を聴取します。

　それをもとに，今後の関連会社の経営方法や合併などの組織再編や清算の計画や株主構成を検討します。

　関連会社の再編は，事業計画の側面だけでなく，納税猶予制度の適用を受けようとしている会社にとっては，大きな影響を与えることがありますので，この情報入手と検討は重要です。

⑦　社長の個人資産，負債の情報

　社長個人の財産に関する情報を入手し，財産債務調書を作成します。

　現時点での相続税を把握するとともに，他の相続人がいれば遺産分割方法の検討に必要な情報です。

⑧　社長が事業承継において問題点と認識していることの確認

　財務諸表のような既に出来上がったデータだけでなく，社長が事業承継において問題点と認識している情報を入手することです。

　具体的には事業承継のプランニングに影響を与える親族関係の対立や社長の体調など，何か妨げになることや問題点を，最初にヒアリングしておくことは重要です。

　聞きにくい内容ですが，状況によっては，事業承継対策検討のスケジュールに大きく影響があるので，必ずヒアリングしなくてはなりません。

親族関係者との関係構築

♣ 良好な人間関係構築の重要性

　社長がリタイアして後継者の経営体制に移行する過程で，親族，株主，経営陣等に利害の対立が生じることがあります。

　また，既に先代からの相続の時から，親族間でもめごとが発生していることもあります。ドラマで見る親族関係よりも，実際の方がドロドロしていることが多いものです。

　可能であれば，事業承継対策の本格的なディスカッションを開始する前に，事前に社長から教えていただいていた『事業承継に影響が発生する親族関係者』と良好な関係を築いておきましょう。

　例えば，自社株を親族から買い取る場合に，初対面で買取交渉のサポートをすることはかなりハードルが高いものです。

　事前に，関係者と面識があり，税理士の「人と成り」を理解していただくと，その後の交渉がスムーズになる場合があるものです。

　これまで，税理士として税務申告を行ってきた税理士には，あまり関係がなかったかもしれませんが，事業承継コンサルティングを行うということは，親族関係にまで深く踏み込むということです。

♣ 社長だけの味方になるのではなく，全体の調整役になること

　税理士が親族関係者と良好な関係を築こうとしても，相手からネガティブな反応をされることがあります。

　親族関係者からすると，「税理士は，社長にとって最適な提案をしているものであり，自分達にとっては，不利益を生み出すことに一役買っている」とみられることがあります。

　そこで，税理士は，自分が社長だけの味方なのではなく，会社の事業承継を成功させるために，親族全員にとって，納得できる提案を行う必要があることを，まず自分自身で認識し，かつ，それが親族にも理解されるように努力をする必要があります。

　不利益を受けていると感じている親族には，税理士から状況の説明を行って，誤解を解いたり，時には，親族ごとにお話を伺い，親族が納得のいくような条件をお聞きすると，話し合いは，よりスムーズに進むものです。

　親族全員が100パーセント納得する方法を実現することは難しいと思いますが，親族が最大限納得するような方法を考え，また親族が納得するまで説明を尽くすことが大切です。

📋🔍 **事例：親族役員と事前に親交を深めておいたことで交渉がスムーズ
だったケース**

　私が，事業承継対策の検討を開始した際に，社長から親族との関係を
伺ったところ，親族役員が11名と大変多く，かつ，年齢差もあることから，
親族同士がもめる可能性を感じ，事業承継対策の検討を始めるに際し，取
締役会でご挨拶させていただきました。

　親族の中には，社長の兄弟など，そろそろリタイアを検討する人もいた
ため，事業承継対策は社長だけでなく，自分の問題でもあるとお感じだっ
たご様子で，その後の取締役会に参加させていただいた際には，事業承継
対策や相続対策の方法について，ご質問をいただいたり，取締役会後にラ
ンチをご一緒したりして親交を深めることができました。

　しかし，事業承継対策が進む中，社長の退職金や自社株の一部買取りな
どについては親族間で利害が対立し，その後の取締役会で親族同士が議論
することは難しくなり，そこで，私は，その後，親族と個別にミーティン
グを重ねて，何とか全員が納得できる方法を模索することになりました。

　幸い，私は親族のみなさまから「自分達の希望を代弁してくれるかもし
れない」と感じていただいていたので，個別にお話しをすることができ，
親族の調整役として，その勤めを果たすことができました。

　事前に，親交を深めていたことが，好結果につながったという事例です。

プランニングの手順

♣ 事業承継対策のセオリーに従うのではなく，社長の考えが優先する

　事業承継対策で何に重きを置くのかということは，社長が決めることで，

これは，千差万別です。プランニングの最初の段階で，念頭に置いていただきたいことは，事業承継対策のセオリーに従って提案するのではなく，社長がどのように事業承継をしたいのかという社長の考えを確認することが必要だということです。

事業承継対策上のセオリーとは，例として次のようなものがあります。

✓ 自社株は，親族に分散せずに後継者に集中する

✓ 株価対策をして，株価が低い時に自社株を後継者に渡す

✓ 株価が上がる前に，早期に暦年贈与で自社株を渡す

このようなセオリーを，全ての社長が望んでいることだと考えてプランニングをすると，社長には納得いただけません。

事業承継対策のセオリーに従って提案した結果，社長にはご納得いただけなかった事例をご紹介します。

事例：セオリー通りではない株主構成の会社のケース

老舗企業で株主が数十名いる会社がありました。

銀行，税理士ともに，セオリーに従い，「親族に分散した株式を集約しましょう」という提案を続けていました。

そもそも，この会社の株主が増えた理由は，会社を親族で守っていくために，自社株を親族みんなで保有するというものでした。自然に株主数が増えたのではなく，意図的に株主数を増やすことで，自社株を渡す税金の負担を親族に分散できることを狙ったものです。

ただ，この会社の社長も，当然，株式分散のリスクは理解しており，その問題が発生しないように，株主に対して，経営状況の理解を深めていただくようなミーティングを行い，また各世代で懇親を深めるように，食事，

ゴルフ，カラオケ，旅行などの親睦イベントなども開催してきました。

　その結果，株主総会でも会社に対して不満を述べる人はおらず，みんなで会社を応援しようという状況になっていました。

　そのような会社に，『自社株の分散は解消しなければならない』というセオリー通りの提案をした銀行や税理士は，社長の逆鱗に触れてしまいました。

　確かに，株主との関係を維持する努力は大変で，未来永劫，続けられるものではないかもしれませんが，社長としては，現時点では，株式が分散した状態で，会社経営をするという方針に基づき，体制を維持していたので，無理やりセオリーに合わせようとする提案は，受け入れなかったということです。

❖ 事業承継対策で検討すべきことを選択する

ａ．事業承継で検討すべき15項目の作業表を用いた現状把握

　事業承継対策では，各社ごと検討すべき内容が異なります。

　まず，プランニングに際しては，会社の状況について，現状把握を行います。

　第Ⅲ章の『事業承継で対策すべき15の項目』を社長と一緒に見ながら，各々の検討状況を確認し，確認結果については，次のような作業表を作成し，例のように記載します。

　後継者の選定が最優先の検討事項ですが，それ以外の項目については，時間軸や難易度も考慮し，検討の優先順位をつけます。

　そして，その結果をもとに，税理士は，第Ⅲ章の内容のコンサルティング方法に基づいて，個別に対策プランを立案します。

📄 検討項目の作業表：社長へのヒアリング内容を記載した例

☞社長とのミーティング結果を，作業表に毎回記入します。

検討項目	検討状況の記録（例）
後継者の選定	社外で働いている長男に継がせたいが，長男の意向は未確認
後継者の育成方法	社内ローテンションのみ実施。外部の後継者養成塾も検討
経営体制の構築	次世代の役員候補を選定する必要がある
株主構成の検討	社外勤務の姪が所有している自社株を買い取りたい
経営と自社株を渡す時期の検討	未検討
社長交代についての関係者の理解	銀行との面談に，後継者候補が同席している
自社株の承継の実行に関する方法の検討	今のところ，暦年贈与しか行っていない
株価対策の検討	株価対策のメリット・デメリットがわからず未検討
正確なバランスシートの引継と資産内容の見直し	不稼働資産はあるが，対策はしていない
各種社内規程の整備	社内規程は，創業以来，見直しをしていないものがある
社長がリタイアする際に必要な資金	退職金は，まとまった金額を受け取りたい
自社株を含めた個人財産の承継	親族には公平に渡したいが，具体的には考えていない
兄弟経営についての検討	長男が戻ってくると弟と仲良くやってくれるかどうかわからず不安
関連会社のあり方の見直し	休眠会社があるが，整理の検討はしていない
M&A（売却）の検討	子供達に継がせたいが，経営能力がなければ，M&Aも検討

　なお，事業承継対策において，事業承継計画表などのスケジュール表を作ることは大切です。

　ただ，事業承継対策のスタート時点で，スケジューリングをしようとしても，未決定事項が多いので，なかなか意味のある表にはならないことが多いものです。

　例えば，事業承継対策に着手した段階では，後継者がまだ決まっておらず，これから後継者候補の意思確認をするというステップにあることが多いので，その状態で，〇年後に社長交代とスケジュール表に記入しても，絵にかいた餅のようになってしまいます。

　事業承継対策のスタート時点では，スケジュール表の作成よりも，検討すべき項目の方針を確認する作業の方が重要です。

　顧問先の社長とのミーティングにおいて，左の表に，対策方針や問題点など，毎回，その進捗状況を，ひとつひとつ確認して進めましょう。

　それを繰り返している間に，いつまでに終わらせたいとか，各々にかかる時間や完了する目途が見えてくるものです。

ｂ．作業表のその他の活用方法

　また，この作業表を見ながら，社長とディスカッションすることは，税理士が対策の立案をするだけでなく，次のように事業承継対策の全体像を社長に確認していただく効果があります。

＜検討項目が多岐にわたること＞

　事業承継対策で何をすべきなのか，全体像を理解している社長は，ほとんどいないので，まず，作業表をご確認いただくと，たくさんの項目を検討しなくてはならず，のんびり構えていては，社長がリタイアするまでに事業承継対策の検討と実行が間に合わないことを，理解していただけるよ

うになります。

＜場当たり的な対策はダメということ＞

例えば，自社株を渡すことを考えた場合，これまで，自社株の支配権を意識せず，何となく子供達に暦年贈与を繰り返してきた社長がいるとします。

そのような社長に対して，作業表を用いて税理士が，支配権確保の重要性や，自社株を渡す時期や方法について説明すると，社長も事業承継対策は税金のことだけではなく，支配権の確保など総合的に考える必要を理解されると思います。

後継者が未定のまま，税金を抑えるための暦年贈与のような『場当たり的な対応』はこれで回避できることになります。

第Ⅵ章
よりよい提案の方法

提案書の作成

♣ 提案は口頭ではなく，資料を作成して行う

　事業承継対策の検討事項は多岐にわたります。社長にご選択いただく内容を，一所懸命説明したとしても，月1回程度のミーティングでは，社長は何を検討すべきだったのかということを，忘れてしまうかもしれません。

　また，税務の用語などは，社長にとっては，難しいことなので，後で確認したいとお考えになるかもしれませんが，資料がなければ，確認のしようがありません。

　ですから，提案については，やはり資料を提供することが大切です。資料を提供することのメリットは，次の4点です。

①ミーティングにおいて口頭説明のみよりも，文字と図解があると社長は理解しやすい
②ミーティング後に，社長が独自に資料を確認して検討がしやすくなり，事業承継対策がスムーズに進む
③何らかの誤解が生じても，税理士が提案した内容を書面で確認することができ，後々のトラブルの防止に役立つ

④提案書がコンサルティングの実績となり，顧問報酬の根拠にもなる

　資料作成は，パワーポイント（Microsoft PowerPoint）が簡単だと思いますが，あまり馴染みのない方は，ワード（Microsoft Word）でも十分です。ご自身の得意な方法を選んでください。

a．資料の作成と使用方法
（1）社長からヒアリングしたデータを整理し，資料にまとめます。
　　　ヒアリングすべき内容は「第Ⅴ章　プランニングに必要なデータの入手と情報整理」に記載した内容です。
（2）社長に，作成した資料の内容確認を依頼し，双方で情報の共有化を図ります。
（3）資料を顧問先の基礎データとして確認しながら，社長とディスカッションで継続的に使用します。親族の人数が多い場合には，氏名や株数など，覚えていることも大変ですので，判断ミスを防ぐ手元の資料として有効です。

b．面談資料のフォーマット作成例
　資料作成に慣れていない方にとって，最初は億劫かもしれませんが，資料作成のメリットをご理解いただき，コンサルティングの基本動作だと考えていただくしかありません。
　事前に独自のテンプレートを作成しておくと，効率的に資料を作成することができ，コンサルティング業務における有効な資料だとご理解いただけるようになると思います。

　参考までに，初回の提案資料のフォーマットを添付しますのでご活用ください。

【株主構成図】

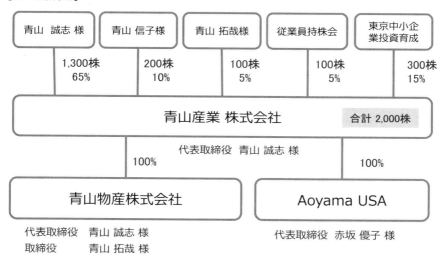

【家系図】

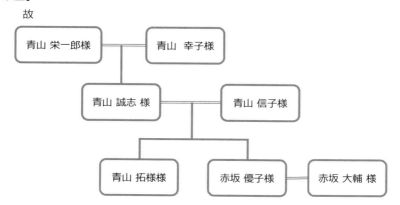

【株価の状況】

1．類似業種比準価額	580,000円
2．純資産価額	780,000円
相続税評価額	580,000円

【株主別株価と親族の役職】

氏名	株数	シェア	続柄	役職	株主別株価
青山　誠志　様	1,300株	65%	本人	青山産業/青山物産 代表取締役	754,000,000円
青山　信子　様	200株	10%	妻	青山産業 監査役	116,000,000円
青山　拓哉　様	100株	5%	長男	青山産業/青山物産 取締役	58,000,000円
赤坂　優子　様	0株	0%	長女	Aoyama USA 代表取締役	0円
従業員持株会	100株	5%	*****	*****	58,000,000円
中小企業投資育成	300株	15%	*****	*****	174,000,000円
合計	2,000株	100%			1,160,000,000円

♣ 正しい提案書の構成

a．全ての選択肢を示す

　事業承継の対策方法には，複数の選択肢があります。

　提案において，重要なことは，事業承継対策の提案をする場合には，**考え得る全ての選択肢を示す**ということです。

　仮に，多くの人が選択しないだろうと考える方法であっても，対策方法としては，可能性があるのであれば，全て提案しましょう。

　税理士の考えで，選択肢を減らすことは避けなければなりません。

b．メリット・デメリットを全て書く

対策方法には，必ずメリットとデメリットが存在します。対策方法を示す際には，メリット・デメリットの両方を必ず明記しましょう。

顧問先の社長が正しい判断を行えるように，正しい情報の提供を行うことが大切です。

また，これと関連した話ですが，株価対策で何らかの金融商品を売りたい会社は，そのために，メリットを強調しデメリットを隠すような提案をすることがあります。

税理士は，そのような提案を顧問先で見かけた時には，その提案におけるメリット・デメリットをきちんと説明して，社長が誤った判断をされないようにサポートすることも大切です。

❖ 会社にマッチした提案をする

事業承継対策の提案をする場合，会社の規模感，社長や後継者の理解度にマッチした提案を作成することは大切です。

規模が小さく，役員は全員親族のような同族経営の会社に対して，会社分割などの組織再編や持株会社化の提案がなされているケースを見かけますが，それは必ずしも適切とは言い難いものです。

そもそも，社長や後継者が税制適格などの仕組みを理解できませんし，仮に税理士からの説明で，理解できたとしても，その後，長期間にわたって覚えていることは難しいでしょう。

また，持株会社化というものは，複数のグループ会社があるような中堅企業で，持株会社がグループ会社の経営を統括するために必要な存在であれば検討する価値がありますが，関連会社がない小規模な企業1社の事業承継には，会社を1つ増やしてしまう負担が残ることになります。

より高度な提案を目指すよりも，より相手に合った提案を心がけましょ

う。

❖ 提案の時点修正

事業承継の対策方法が決まり，次の決算後に実行を行うというケースが
あると思います。

そのような場合には，実行時点において，その対策方法が正しいかどう
かを再確認する必要があります。

毎年の税制改正により，その対策方法が影響を受けることもありますし，
実行時点で社長のお考えが変わることもあるものです。

したがって，社長が対策方法に納得された場合でも，定期的に状況の確
認と時点修正を行うことが大切です。

社長とのコミュニケ―ション方法
～社長や関係者に最大限の配慮をしましょう～

❖ 常に辞めたくない社長のお気持ちを想像する

社長は，いずれは後継者にバトンタッチをしなくてはならないと頭では
理解しながら，自分はまだまだ事業に取り組みたいという気持ちは強いの
で，社長から事業承継対策を依頼されたといっても，それイコール，どん
どん事業承継対策を進めて良いということではありません。

社長にとっては，会社が一番楽しい場所であり，事業承継によって，そ
の楽しい場所から去らなくてはならないという残念な気持ちを持ちつつ対
策の検討をしていることを，常に念頭に置いて，社長の顔色を見ながら，
心情を理解しつつ話を進めることが大切です。社長が事業承継対策の検討
に前向きでなくなった様子があれば，「事業承継のディスカッションを中

止しましょうか？」と投げかけて，社長の意思を再確認することは良い方法です。

♣ 専門用語は極力使わない

社長や親族とのディスカッションにおいて，なるべく専門用語を使わずに平易な言葉でご説明することが大切です。

例えば，税務面では，『類似業種比準価額』『純資産価額』など，社長にとっては難しい専門用語があります。

それらの言葉を聞いた瞬間，社長の頭の中は，難しいという印象だけが残り，提案内容は，どこかに飛んでしまうかもしれません。

特に，類似業種比準価額のことを，「類似の場合は…」と説明される方を見かけることがありますが，社長には，ほぼ理解されていないと考えるべきでしょう。

そこで，類似業種比準価額を『利益に着目して計算する株価』と言い換えたり，純資産価額を『決算書の純資産に着目して計算する株価』と表現を変えたりして，税務知識のない方が理解できるような，易しい言葉で解説することが大切です。

事業承継対策の方法について最終的に決断するのは社長ですので，社長が理解しなければ意味がありませんし，専門用語ばかりを使い，難解な説明をする人は，思いやりがないと判断され，信頼を得られにくいものです。

経営に関わっている人でも，税務の専門用語は苦手なものです。その前提で，子供に教えるような気持ちで説明することを心がけてください。

♣ 社長の考えを整理する過程をサポートする

社長は事業承継において検討しなくてはならないことが多く，なかなか考えがまとまらないものです。人生における重大な決断ですから，これは

当然のことです。

　そんな時，社長一人で，頭の中だけで考えるよりも，誰かを相手にして話をした方が頭の中が整理され，悩んでいるポイントが明らかになり，結論に到達しやすい可能性はあります。

　社長にとって事業承継の話を安心してできる人は少ないので，考えをまとめるための相手としては，税理士が適任です。

　税理士は事業承継において社長が選択すべき答えを持っていないとしても，悩み続けている社長の聞き役になるだけでも効果が大きく，イメージとしては，『壁打ちテニスの壁』になることです。

　税理士は，社長の壁打ちテニスの壁になって，事業承継対策を進めていきましょう。

おわりに

　さて，弊社の長年の事業承継コンサルティングの経験をもとに，ご説明させていただきましたが，いかがでしたでしょうか。

　経営の承継の重要性についてご理解を深めていただき，明日からの実践に役立てていただければ幸いです。

　コンサルティングにおいて，本書の全ての内容を実行することが目標ではありません。税理士さんのご自身の状況に照らして，可能な部分から取り組んでください。

　本書を読むだけではコンサルティングを実行するのは難しいとお感じの方やコンサルティングのスキルアップをしたい方には，セミナーや講座等でサポートさせていただきます。

　そして，ご自身のスキルアップをしている時間がなく，すぐに顧問先の事業承継コンサルティングを行う必要がある方には，弊社にお任せいただくか，コンサルティング方法をアドバイスさせていただくなど，色々な方法で，提携は可能です。

　弊社ウェブサイトのお問い合わせページから，お気軽にご連絡ください。

　なお，事業承継コンサルティングは，親族関係に深く踏み込む業務であるため，コンサルティングの過程で，トラブルが発生する懸念もあります。

　顧客への説明や，提案資料の記載内容については，各々の会社ごとに検討するものであり，これが正解というものはありません。

　したがって，本書の内容の実行において，仮にトラブルが発生したとしても，弊社は一切の責任を負いません。

　事業承継コンサルティングを行う際には，この点にご留意され，自己の責任において実行していただくようにお願いいたします。

　本書を，最後までお読みいただきありがとうございました。

■著者紹介

半田　道（はんだ　おさむ）

株式会社クロスリンク・アドバイザリー　代表取締役

【法人概要】

○所在地

　☎160-0022　東京都新宿区新宿１−36−２　新宿第七葉山ビル３階

　https://www.crosslink-adv.com

○業務概要

▶事業承継コンサルティング

▶研修・セミナー

▶事業承継・銀行業務関連の執筆

▶金融機関等への事業承継のビジネスモデル構築のサポート

【著者経歴】

○メガバンク勤務

・国内法人営業を経験

・生命保険会社出向時に未上場企業に対し「生命保険を活用した事業承継対策」を
　テーマに，顧客提案やセミナーを数多く実施。

・メガバンクの事業承継専門セクションにて日本橋地区の老舗企業に対して数多くの
　コンサルティングを実施。

・研修会社（メガバンクの子会社）に出向時，地方銀行向けに事業承継の研修を実施。

○米国系銀行勤務

・事業承継と資産運用提案の専門セクションを立ち上げ，部長に就任。
　銀行内の事業承継のコンサルティング体制・ビジネスモデルを構築。
　法人に対する事業承継コンサルティングのみならず，富裕層向けの相続コンサル
　ティングも実施。

○2016年に株式会社クロスリンク・アドバイザリーを設立し，代表取締役に就任。
　同族企業の事業承継において，経営者親族関係の意見調整や後継者の育成支援を行
　うなど，きめ細やかなコンサルティングを実施。
　提案においては，Client First（顧客第一主義）と誰にでもわかりやすい説明をモッ
　トーにコンサルティングを行う。

税理士のための事業承継コンサルティングの強化書

2023年12月25日　第1版第1刷発行

著　者　半　　田　　　　道
発行者　山　　本　　　　継
発行所　㈱中　央　経　済　社
発売元　㈱中央経済グループ
　　　　パ ブ リ ッ シ ン グ

〒101-0051　東京都千代田区神田神保町1−35
電話　03 (3293) 3371 (編集代表)
03 (3293) 3381 (営業代表)
https://www.chuokeizai.co.jp
印刷／㈱堀 内 印 刷 所
製本／㈲井 上 製 本 所

© 2023
Printed in Japan